인류 문명사의 전환을 위하여

김 낙 중

인류 문명사의 전환을 위하여

도서출판b

2013년 가을을 맞으며 저는 우리 겨레의 현실이 너무도 가슴 아픕니다. 저는 1931년 신미(辛未)생입니다. 그러니 이 세상에 태어나서 82년의 세월이 흘렀습니다. 지금 지난날을 뒤돌아보면 까마득합니다. 따라서 제가 이 세상을 떠나야 할 시간도 그리 멀지 않은 것 같습니다. 그러나 이대로 세상을 뜨기에는 너무 가슴이 아파서 차마 눈이 감기지 않을 것 같은 심정입니다.

내가 태어나던 1931년, 일제는 그들이 '만주사변'이라 부르는 중국 침략을 시작했고, 초등학교 시절에 '지나사변' 그리고 드디어 '제2차 세계대전'이 일어나, 저는 온통 전쟁 냄새를 풍기는 세상 속에서 성장해야 했습니다. 그러다 1945년 일제가 물러가고 8·15를 맞았으나 나라는 남북으로 분단되어 미·소의 점령지가 되었고, 제가 20세 되던 1950년에 남과 북은 소련 탱크와 미국 비행기를 가지고 '6·25전쟁'이라는 남북 간 동족상잔의 전쟁을 벌였습니다.

당시 젊은이들은 동족상잔의 전쟁 틈바귀에서 인민군으로 또는 국군으로 나가서 형제들에 대한 살인행위를 하도록 강요당했습니다. 그래서 농촌에 살던 저의 초등학교 동창생들은 대부분 '의용군'이라는 이름으로 인민군 편에 가서 총을 들었고, 도시에 살던 저의 중고등학교 동창생들은 거의 모두 '학도병' 또는 '징집'으로 국군 편에서 총을 들고 싸움질을 해야만 했습니다. 당연히 저의 동창생들의 대부분은 어느 쪽인지에 서서 총질을 하다 저세상으로 갔습니다.

그러나 권세가 있거나 돈이 있는 집에서 태어난 덕택으로 부산까지 피난 온 젊은이들은 징집 보류의 혜택을 받으며 고등학교나 대학교에 다니고 있었습니다. 그런데 당시 20세였던 저는 비록 가난한 농촌에 태어났지만 요리 빠지고 조리 피하고 해서, 무사히 부산까지 피난 와서 그 젊은이들과 같이 고등학교를 졸업하고, 서울대학교 사회학과 학생이 되었습니다.

1953년 7월 27일에 '6·25전쟁'이 겨우 휴진이 성립된 상태에서 1954년 이승만 대통령은 학생들을 동원해서 "휴전반대 북진통일"을 외치는 가두시위를 하게 했습니다. 그런데 당시의 남쪽 땅에는 '자비'를 가르치신 석가모니 부처님의 제자라는 스님들도, 역지사지(易地思之)라는 '인'

(□)을 가르치신 공자님의 제자들도, '사랑'을 가르치신 예수님을 따른다는 목사님이나 신부님들도, 그 누구 하나 전쟁을 멈추어야 한다는 말을 하는 사람이 아무도 없었습니다.

당연히 나도 "휴전반대 북진통일"을 외치며 가두시위를 해야 할 입장이었지만, '6 · 25전쟁'으로 이미 수백만 명이 살상을 당하여 매일 젊은 이들이 부상당하거나 시체가 되어 부산으로 후송되는 것을 보면서 부산에서 생활하던 저는 "휴전반대 북진통일"을 외치는 가두시위에 도저히 참여할 수가 없었습니다.

그래서 저는 '눈물'이 없는 사람들이 사는 이런 세상은 제가 살 가치가 없다고 판단하여 죽음을 각오하고, "전쟁반대 평화통일"을 외치며 "서로 생각이 달라도 서로 용납하며 더불어 살아야 한다"고 외치며 부산 광복동 거리에서 단독시위를 하며 살아왔습니다. 그 후 저는 한결같이 "사람은 서로 생각이 다를 수 있지만 서로 용납하며 함께 더불어 평화롭게 살아야 한다"고 주장하며 59년의 세월을 살아온 것입니다.

그러는 동안 저는 북측에서 한 번, 남측에서 네 번 "너는 죽여 없애야 할 원수들 편의 간첩"이라며 온갖 고문과 죽임을 요구당하며 수없는 죽음의 고비들을 넘어야 했습니다. 그런데 아직도 동족 간의 살인적 싸움질은 계속되고 있으니 어떻게 눈을 감을 수가 있겠습니까?

이런 상태에서 제가 마지막으로 이 세상 사람들에게 남기고 싶은 말들을 적은 것이 이 책입니다. 즉 이 책은 세상에 남기는 저의 '유서'입니다. 겨레의 내일을 담당할 젊은이들, 그리고 '평화'에 관심이 있는 모든 분들께서 꼭 읽어 주시고 열심히 평화의 실현을 위해 힘써 주시기를 간절히 부탁합니다.

그리고 이 책의 출판을 맡아주신 도서출판 b 조기조 사장님과 책의 출판을 권고해주신 김진수 목사님께 감사드리고, 고난의 삶을 살아온 나를 끝까지 지키며 살아온 가족들에게 하나님의 축복을 간절히 기원합니다.

2013. 9. 10
강천(剛泉) 김낙중

| 차 례 |

제3부 겨레의 하나 됨을 위하여

제1부

인류 문명사의 전환을 위하여

인류 문명사 이대로 좋은가?[1]

1. 인류 문명사는 어떻게 발전해 왔는가?

'문화'라는 말과 '문명'이라는 말을 사람들은 엄격히 구분하지 않고 함께 혼용하고 있습니다. 그렇지만 '문화'와 '문명'은 분명히 동일한 용어가 아닙니다. 영어에서는 문화를 culture라 하고 문명을 civilization 이라 하며, 독일어나 불란서어에서도 이와 비슷하게 구분해서 쓰고 있습니다.

그런데 문화(culture)란 언어, 종교, 풍습 등 주로 사람들의 독특한 생활양식들을 표현하는 말입니다. 그런데 문명(civilization)은 어떤 사람

1. 제1부를 이루는 '인류 문명사의 전환을 위하여'는 모두 네 꼭지의 글로 이루어지는 데, 이 글인 첫 꼭지는 '6·25전쟁' 61주년을 맞은 2005년 6월에 쓴 글을 가필하여 2011. 6. 19에 발표한 글입니다. 나머지는 2013년 7월 정전협정 60주년을 맞으며 쓴 글입니다.

들의 독특한 생활양식이라기보다 누구에게나 전파될 수 있는 보편적인 물질적 생활방식과 관련된 용어입니다.

어떠한 원시인들에게도 다 자신들의 문화는 있습니다. 그러나 원시인들에게는 문명이 없습니다. 있어도 아주 낮은 단계의 원시적 문명이 있을 뿐입니다. 즉 문명이라는 말은 주로 과학기술의 힘을 이용해서 생활하는 물질문명에 적용되는 말입니다. 그리고 인류의 역사는 물질문명의 발달과 더불어 큰 변화(이른바 발전)를 거쳐 왔습니다.

그런데 사람들이 수천 년 동안 추구한 "인류의 문명사"라는 수레는 크게 두 바퀴로 굴러왔다고 말할 수 있습니다. 한쪽 바퀴는 '자연'을 정복 대상으로 생각하여 부단히 '도구'를 발명·개발하는 것이었고, 다른 한 바퀴는 자기와 다른 '이웃 인간집단'들, 즉 이웃씨족, 이웃부족 또는 이웃민족이나 국가들을 정복 대상으로 생각하고, 부단히 '무기'를 개발·생산하여 온 것입니다.

보다 좋은 도구를 만들어야 자연을 자기 마음대로 지배 이용할 수 있으며, 보다 좋은 무기를 만들어야 다른 '인간집단'을 자기 마음대로 정복·지배할 수 있기 때문입니다.

즉 인류 문명사 속에서 사람들은 자연을 정복 대상으로 하는 '도구'의 부단한 개발과 다른 '인간 집단'을 정복 대상으로 하는 '무기'의 개발을 계속 추구해온 것입니다. 더욱 좋은 도구를 만들어야 힘을 안 들이고 육신의 생활에 필요한 재화를 획득할 수 있으며, 또 상대방보다 더욱 좋은 무기를 만들어 가져야 상대방과 싸워서 이길 수 있기 때문입니다.

무기란 본래 살생의 도구입니다. 따라서 좋은 무기란 다른 동물 또는 다른 사람을 보다 효과적으로 살상 파괴할 수 있는 도구를 의미합니다.

다시 말하면 인류 문명사의 발달이란 '도구'의 개발과 '무기'의 개발이라는 두 바퀴로 정신없이 달려온 변화의 과정이었다고 말할 수 있습니다. 그리고 '도구'의 발달은 석탄, 석유, 원자력 등으로 만드는 전기라는 에너지를 이용해서 돌아가는 각종 자동화 기계를 만들어내기에 이르렀으며, 무기의 발달은 드디어 핵무기라는 가공할 무기를 만들어내는 데 성공한 것이 20세기까지의 인류의 문명발달사였습니다.

2. 문명사에 대한 대자연의 저항: 무한한 인간의 욕망과 유한한 자연자원

그런데 20세기에 들어서서 어떤 선각자들은 지난날 인류 문명 특히 급격한 과학기술의 발달을 추구했던 서양 문명에 대해 회의를 갖고 "서양 문명의 몰락"을 말하게 되었고, 또 21세기에 들어와서는 보다 많은 사람들이 인류의 문명사는 분명히 하나의 위기를 맞고 있으며, 어떤 전환을 하지 않으면 안 된다는 것을 느끼지 않을 수 없는 사태가 벌어지게 된 것입니다.

왜냐하면 지난날 정복 대상으로만 생각했던 대자연이 두 앞발을 들고 사람에게 달려들게 되었기 때문입니다. 즉 인류가 도구를 개발해서 계속 정복하려고만 생각했던 대자연이 인류에게 이의를 제기하게 된 것입니다. 그것은 첫째 "자원의 고갈"이며, 둘째 "환경의 오염", 셋째 "생태계의 파괴"로 인한 여러 가지 이상 기후의 발생과 같은 것들입니다.

첫째, 자원의 고갈은 우선 석유자원의 고갈 문제입니다. 인간들의 욕망은 무한한데 석탄과 석유 등 에너지 자원은 유한하여 그것이 점점 고갈되어 가고 있습니다. 국가들 사이에 유한한 석유자원을 확보하기 위해서 살인적 전쟁이 빈발하였습니다. 그리고 석유와 석탄 등 자원의

바닥이 보이자 인류는 핵 발전으로 자기들의 욕망을 추구하게 되었습니다.

그러나 핵 발전은 체르노빌 핵발전소의 사고나 지난번 일본 대지진 때 후쿠시마 원전 사고가 보여준 것과 같이 무서운 방사능 오염으로 지구촌을 더 이상 쓸 수 없는 폐허로 만들고 있습니다. 이러한 방사능의 오염 확산 사태는 인류에게 경종을 울리고 있는 것입니다.

둘째, 지구촌 환경의 오염 문제는 비단 방사능 오염의 위험뿐 아니라, 이산화탄소의 증가로 인한 공기의 오염과 이로 인한 지구 온난화 현상을 초래하고 있습니다.

오늘날 대한민국은 이산화탄소 발생률이 세계 7위에 올라 있다고 합니다. 지구촌의 허파라고 불리는 나무들을 유라시아 대륙의 도처와 아프리카 그리고 남아메리카 밀림 도처에서 마구 베어내고 있어서 사막화 현상으로 인한 물 부족 문제를 초래하고, 지구촌은 자정능력을 상실하여 공기와 물의 오염이 심각해지고 있습니다.

셋째, 그 결과로 지구촌의 생태계가 파괴되어 여러 가지 이상 기후 현상들이 도처에서 자주 일어나고 있습니다.

이는 모두 그동안 인류가 정복 대상으로만 생각하고 있던 대자연이 "내가 진정 너희들의 정복 대상이냐?" 하고 외치는 저항의 목소리인 것입니다.

한번 생각해 보십시오. 지구촌의 모든 인류가 저마다 오늘날 미국이나 한국의 부자들이 자연 자원을 소모하고 있는 정도로 많은 물자를 소모한다면, 그리고 오늘날 한국인들이 배출하고 있는 이산화탄소와 같은 정도로 세계 모든 나라의 국민들이 배출한다면, 과연 지구촌의 자원, 환경, 생태계가 몇 년이나 더 버틸 수 있을 것으로 생각하십니까?

인류의 앞에 다가오고 있는 위기의 신호를 바로 보고 바르게 대처하지 않는다면, 인류 문명은 벼랑 끝으로 떨어지지 않을 수 없다는 것을 깨닫는 것은 그리 어려운 일이 아닐 것입니다.

인류는 자연을 정복 대상으로 생각했던 문명사가 잘못되었다는 것을 깨달아야만 될 때가 온 것입니다.

3. 문명사의 발달과 약소민족의 저항

그리고 인류 문명사 발달의 또 하나의 '바퀴'라고 말씀드린 '무기의 발달'은 어떻습니까? 무기란 사람을 죽이는 도구입니다. 약육강식의 세계에서 원시시대에는 주먹 센 사람이 강자였습니다. 그러나 '칼'이라는 무기를 만들어서 좋은 칼을 잘 쓰는 사람이 '강자'로 되었고, 칼보다는 좋은 '활'을 잘 쓰는 사람이 강자로 되었으며, 드디어는 성능 좋은 총을 만들어서 잘 쓰는 사람이 강자로 되었습니다.

그러다 현대에 와서는 '핵무기'라는 무기를 만들어 쓰는 자가 강자로 되었습니다. 제2차 세계대전에서 일본이 미국에 패한 것도 미국이 먼저 핵무기라는 엄청난 살상 파괴 무기를 만들어 사용했기 때문이었습니다.

그러나 핵무기를 먼저 만든 미국도 20세기 후반 1950년 Corea[2] 반도에서의 '6·25전쟁' 때부터는 그것이 한계가 있다는 것을 나타내기 시작했습니다. 최전선에서 대치하고 있는 남북의 군대들 사이에서는 핵무기를

---

2. 남측에서는 '한국', 북측에서는 '조선'이라는 용어를 선호하지만, 이 글에서 저는 그 대신 Corea를 사용하겠습니다.

쓸 수가 없었기 때문입니다.

핵무기는 적과 우군을 구분하지 않고, 전투원과 비전투원을 구분하지 않고, 사람과 동식물을 가리지 않고 무차별적으로 너무도 많은 생명을 살상하는 무기이기 때문입니다.

유엔군 사령관 맥아더가 '6·25전쟁' 때 핵무기의 사용을 시도했지만, 트루먼 대통령이 이 건의를 거부하고, 맥아더를 해임했다는 것은 잘 알려진 사실입니다. 무엇 때문입니까? 그것은 이 핵무기가 다른 약한 집단, 작은 나라 약소민족들의 저항 앞에서 그들을 정복하는 데는 일정한 한계가 있다는 것을 깨닫기 시작했기 때문입니다.

제2차 세계대전 이후 전 세계에서 최강을 자랑하며, 각종 신예무기와 수많은 핵무기를 보유한 미국은 그 후 월남 전쟁에서도 월남의 민주주의를 수호한다는 구실로 전쟁에 참여했지만 핵무기를 쓸 수 없었고, 비록 '고엽제'라는 또 하나의 무서운 살상무기를 사용했습니다. 그럼에도 불구하고, 미군은 월맹군에게 패하고 월남이 공산화되는 것을 지켜볼 수밖에 없지 않았습니까? 그 후 미국은 지금도 각종 최신예 무기들과 수백 개의 핵폭탄을 생산해서 가지고 있습니다.

그러나 자살 폭탄으로 저항하는 '이슬람' 사람들이나 '결사항전'하는 베트남 사람들 그리고 북한 사람들을 핵무기나 고엽제로 이길 수 없지 않았습니까? 현재 미국은 핵무기와 각종 신예무기를 가지고 있음에도 불구하고 이들 약소민족의 처절한 저항을 굴복시킬 수 없다는 현실을 뼈아프게 느끼고 있는 상황이 아니겠습니까?

약육강식이 통하는 인류 문명사 속에서 한때는 보다 살상 파괴력이 큰 무기를 보유하는 것이 상대방과 싸워 이길 수 있는 최선의 방도였습니다. 그렇지만 1950년 6·25전쟁이 휴전 상태가 된 그때부터는 핵무기까지 보유한 미국의 세계 최강의 군사력이라는 것도 약자 또는 작은 나라들, 즉 약소민족 사람들의 결사적인 저항을 정복하는 수단으로서 한계가 있다는 것을 깨닫지 않을 수 없는 상태로 진입한 것입니다.

4. 6 · 25전쟁 61주년을 맞으며 다시 생각하자

여기서 저는 인류 문명사가 새 방향을 찾기 위해서 '6 · 25전쟁'을 다시 한 번 생각해 보아야 한다고 생각합니다. 왜냐하면 이번 토요일은 6 · 25전쟁 61주년이 되는 날이기 때문입니다. 동양 사람들은 60갑자를 가지고 생활해 왔기 때문에, 60갑자가 다시 시작하는 그날을 회갑이라고 하여 특별한 의미를 부여하며 살아 왔습니다.

그런데 동족상잔의 6 · 25가 '회갑 날'을 맞았는데 우리가 이날을 무심코 지나칠 수가 있겠습니까? 그래서는 안 되는 게 아닙니까?

제가 "6 · 25전쟁, 61주년을 맞으며 다시 생각해 보자"고 제 발표의 부제를 삼은 이유를 이해해 주시기 바랍니다. 그렇습니다. '6 · 25전쟁' 61주년을 맞으며 우리 민족 구성원이라면 진정으로 이날의 의미가 무엇인지를 곰곰이 다시 생각해 보아야만 한다고 생각합니다.

저는 1950년 6월 25일 그날부터 지금까지, 그리고 제가 목숨을 걸고 철조망과 지뢰밭 그리고 민족분단의 임진강을 건너면서 지금까지, '6 · 25전쟁'의 의미가 진정 우리에게 무엇인지를 물으며 60년 동안을 살아 왔다고 해도 과언이 아닌 사람입니다. 그동안 저는 수없이 많은 죽음의 고비들을 넘어야 했습니다.

'6 · 25'는 우리에게 무슨 날인가? 라는 물음에 대해 제가 얻은 결론은

이 날은 우리 민족에게만 의미 있는 날이 아니라 세계 문명사적으로도 큰 의미가 있는 날이며, 우리 민족은 약육강식하며 살아온 "인류 문명사"에 새 방향을 찾아 주어야만 할 "세계 문명사적 전환"의 선구자적 역할을 담당해야 할 사명을 갖게 되었다는 결론을 주는 날이라고 생각하게 되었습니다.

자 그럼 '6·25전쟁'은 과연 왜 일어났으며, 어떤 경과를 거쳐 어떤 결과를 가져왔는지 간단히 생각해 보십시다.

'6·25전쟁'이 '대한민국'에 대한 '조선민주주의인민공화국'에 의한 "남침" 전쟁이냐 아니냐? 라든지, '6·25전쟁'은 원래 Corea 민족 내부의 지역 간 분쟁인데 그것이 외세의 개입에 의해 확대된 미·소 간의 축소된 세계 제3차 전쟁이라든지 하는 것은 보는 사람의 관점에 따라 달라질 수 있습니다.

그러나 분명한 것은 Corea가 북위 38도선으로 남과 북이 분단된 것은 미국의 군사적 편의에 의한 것이었고, 그것을 소련이 수용한 결과였다는 사실입니다.

그리고 그 후 1948년에 미국이 이승만 씨의 "남한 단독정부 수립안"을 수용하여 분단국가인 '대한민국'을 수립하게 한 것도 분명합니다. 물론 당시 Corea 사람들의 대다수 성원들은 "단독정부를 수립하면, 남북 간에 전쟁이 불가피해진다"는 이유로 그것 즉 남한만의 단정수립을 반대했습니다. 그러나 당시 세계 최강대국이자 남한의 점령군이었던 미국의 방침대로 '대한민국'이라는 분단국가가 수립되었습니다.

그리고 '8·15' 당시 북한을 점령하고 있던 소련은 '조선민주주의인민공화국'이라는 또 하나의 분단국가가 수립되는 것을 용인하고, 자기들이 갖고 있던 탱크와 각종 무기들을 이들 '조선민주주의인민공화국'

에 인계해 주고 물러갔습니다.

그리고 2년 후인 1950년에 동족상잔의 '6·25전쟁'이 발생한 것입니다. '6·25전쟁' 직후 상당기간 남측에서는 '6·25전쟁'을 "6·25동란"이라 불렀고, 북측에서는 그때부터 지금까지 '6·25전쟁'을 "조국해방전쟁"이라고 부릅니다.[3]

어쨌든 1950년 6월 25일, 북한 인민군이 소련제 탱크를 가지고 38선을 밀고 내려온 것은 사실입니다. 그래서 국제법상 대한민국 영토를 '조선민주주의인민공화국' 군인이 침범했다는 뜻으로 "유엔 결의"에 따라 미군을 비롯한 유엔군이 개입하여 국제적인 전쟁이 되고 말았습니다.

그러나 전쟁의 결과 다시 미국이 책정했던 38선 부근에서 휴전이

---

3. 남측에서 "6·25"를 "6·25동란"이라고 부른 이유는 "대한민국 영토 안에서 북측 공산주의자들이 일으킨 내란"이라는 뜻이었습니다. 그러다 근래 특히 남과 북이 "국제연합"에 동시 가입하고, "남북기본합의서"가 채택된 뒤로는 "6·25동란"이란 말을 쓰지 않고, "6·25남침" 또는 "한국전쟁"이라고 부르고 있습니다. 그 이유는 "조선민주주의인민공화국"은 Corea 반도의 북쪽에 세워진 또 하나의 정부로서 서로 인정하고 존중해야 될 또 하나의 국제법적 실체라는 것을 부인할 수 없기 때문입니다.

이와는 달리 북측에서는 "조국해방전쟁"이란 용어를 계속 쓰고 있는데 북측은 즉 우리 선조님들이 세우고 지켜온 "민족의 국가"는 결코 둘일 수 없다는 입장에서 두 개의 분단국가를 인정하지 않고, 우리의 '조국'은 1945년 이래 미국에 의해서 분단 점령되었지만, 우리의 독립투사들이 '일제'를 물러가게 하기 위해 싸웠듯이, 미제가 물러가게 하기 위해 싸운 것이 "6·25"라는 입장을 고수하고 있기 때문입니다.

그래서 1992년의 "남북기본합의서"에서도 "남과 북은 나라와 나라 사이가 아니고 통일을 지향하는 과정에 잠정적으로 형성되는 특수관계"라고 규정하고 있는 것입니다. "6·25"에 대한 남과 북의 입장을 종합하면 남과 북은 비록 하나의 민족국가는 아니지만 "남과 북은 서로 인정하고 존중"하면서 "내정 불간섭", "비방 중상 금지" 그리고 "상호 불가침"을 지키면서 평화적으로 통일해야 한다는 것을 쌍방 모두 만방에 약속한 것입니다.

성립되어 남북 분단 상태로 된 채 60년의 세월이 흐르고도, 그 전쟁은 아직 끝나지 않고 있는 것입니다. 19세기와 20세기 이래의 현대 사회에서 전쟁을 하고 그 전쟁을 끝내지 못한 채 60년이 경과한 경우는 동서양을 막론하고 어디에도 없었습니다.

그런데 중요한 것은 지난날 남측은 미국을 믿고 많은 주민들의 반대의사를 무시한 채, 1948년 "5 · 10 단독선거"로 '분단국가'를 수립했으며, 북측은 소련을 믿고 '조국해방전쟁'을 시작했다는 사실입니다. 그러나 우리는 그 어느 국가에서든 국가권력을 담당한 사람은 저마다 자기 국가의 "국익"(National interest)을 위해서 일을 한다는 사실을 깨달아야 합니다. 즉 그 어느 강대국 지도자도 결코 약소민족을 위해서 일을 하지는 않는다는 사실을 뼈아프게 깨달아야만 한다는 말씀입니다.

여러분 60년 전의 옛날이야기는 접어두고, 2000년대도 10년이 지난 2011년 현재의 우리를 되돌아보십시오. 남과 북은 적대관계를 유지한 채 적대적 군비경쟁을 하느라고 북에서는 백성이 굶주려 죽어가고, 남에서는 청년 실업자가 늘어서 자살하는 청년들이 세계 최고의 수준에 올라 있습니다. 세계의 누가, 그 어느 강대국 정치가들이 과연 이 문제를 해결해 주겠습니까?

미국과 중국은 2006년의 '미 · 중 회담'에서 "Corea 반도는 현재의 분단 상태를 변경시키지 않고, 현상 그대로 유지한다"고 비밀협약을 해두었다고 합니다. 현대판 "가쓰라 · 태프트 밀약"이 있다는 사실을 알기나 하십니까? 이 사실은 '워싱턴 포스트' 기자가 폭로한 사실입니다.[4]

• •
4. 『워싱턴 포스트』 2006. 9. 8자.

그래도 여러분은 Corea 반도의 주변 강대국들인 미국이나 소련 또는 중국을 믿거나, 자신들의 운명을 강대국 정치가들에게 믿고 맡겨두면 된다고 생각하십니까?

작은 민족이 약육강식하는 문명사의 시대 속에 살아남자니, 당나라, 원나라, 명나라, 청나라, 일본, 미국, 소련, 중국 등 주변 강대국의 눈치를 살피며, 이소사대(以小事大)하는 사대주의적 사고가 불가피했다고 이해한다 하더라도, 21세기 중반을 바라보는 이제는 약자와 강자가 더불어 사는 "평화공존"의 새로운 시대를 만드는 일에 우리 민족이 앞장서야 할 때가 되었다고 생각하지 않으십니까?

여러분에게 기회 있을 때마다 되풀이해서 말씀드리는 것이지만, Corea 민족은 참으로 "착한 백성 평화애호 민족"입니다. Corea 사람들은 고려왕국이 Corea 반도에 하나의 국가를 이룩한 이래 몇 백 년 아니 천 년이 넘도록 단 한 번도 다른 민족이나 다른 국가를 침략하거나 노예화하기 위해 침략전쟁을 일으킨 일이 없는 평화애호적인 나라입니다.

그런데 어쩌다가 제2차 세계대전 과정에서 세계 최강대국이 된 미국의 군사적 편의에 의해서 남북으로 분단된 채 두 개의 정권을 수립하고, 소련 탱크와 미국 비행기를 믿고 '6·25전쟁'이라는 동족상잔의 전쟁을 치러야만 했습니다.

'6·25전쟁'이라는 동족상잔의 싸움 때문에 얼마나 많은 동포들이 죽임을 당했으며, 얼마나 많은 국토가 폐허로 되었습니까? 이런 비극적인 싸움질을 하고 60년이 지나도록 아직도 전쟁종결 처리인 '평화협정'을 못하고 있으니, 이를 어떻게 이해해야만 합니까?

그리고 또 하나 더욱 한심한 것은 남과 북 당국 간에 "7·4남북공동성명", "남북기본합의서"를 비롯해서 "6·15남북공동선언", "10·4남북

공동선언" 등 수없이 많은 약속들(계약서)을 국가원수들이 서명 날인하고도 이를 준수하지 않고 있다는 점입니다. 그런 상황에서 어떻게 "평화 공존", "공생공영"하는 신뢰가 형성될 것이며, 어떻게 하나의 통일 국가를 이룩할 수 있다는 말입니까?

"평화적 통일", 그것은 헌법에 규정된 대통령의 의무이고, 모든 국민의 의무입니다. "깨어 있는 백성이라야 산다"고 하신 함석헌 선생님 말씀대로 국민들이 깨어나서 정치인들이 세계 문명사가 지닌 한계를 극복하고, 새로운 문화세계를 창조하는 일에 우리 민족의 남과 북이 힘을 합해 선구자적 역할을 담당해야만 한다는 것을 깨우치게 해야만 할 것입니다.

이제 우리는 저마다 고민을 좀 해야 됩니다. 과연 인류 문명사가 어느 방향으로 가야만 지구촌이 안정되고, 평화로운 세상이 올 수 있을 것인지, 그 방향을 바르게 찾아봐야만 하겠습니다.

자연과 사람의 관계가 도구를 통한 정복과 피정복의 관계가 아니고, 사람과 사람의 관계가 무기의 힘을 통한 정복과 피정복의 관계인 것이 아니라 어떻게 평화롭게 공생할 수 있는 것인지를 고민하고, 그것을 모든 백성들이 바르게 이해하고 실천하는 길을 찾아서 제시해야 할 때가 닥쳐왔다고 확신합니다.

그렇습니다. 우리는 그 어느 강대국을 믿을 게 아니라, 우리 민족 스스로 "평화롭게 함께 더불어 살아갈 길"을 찾아 나아가야만 합니다. 인류 문명사는 스스로 만든 '도구'와 '무기' 앞에서 새로운 삶의 길을 찾아야만 되는 한계 상황의 새 시대를 맞고 있기 때문입니다. 우리가 가야 할 방향에 관해 함께 토의할 수 있기 바랍니다.

동물의 세계와 인류의 문명사회는 어떻게 다른가?

1. 약육강식의 법칙이 지배한 인류의 문명사

사람들은 과학기술의 발달을 통한 인류의 "문명"을 자랑스럽게 생각하고 있습니다. 그래서 동물들은 물론이고, 문명의 수준이 초보적 단계에 있는 원시인들을 업신여깁니다. 왜냐하면 동물이나 원시인들의 세계에는 문명이 없거나, 너무 낮은 초보적 수준에 불과하기 때문이라고 합니다.

그래서 "약육강식"이 지배하고 있는 동물의 세계에서 인류는 문명의 힘으로 그것을 극복해 왔다고 자랑합니다. 즉 약육강식하는 동물의 세계에서 인류는 생존경쟁에서 승리하여 도태되지 않고 살아남았을 뿐 아니라, 모든 동물을 지배하는 만물의 영장이 되었는데, 그것이 모두 인류가 개발한 문명의 덕분이라고 말합니다.

그리고 인류가 모든 다른 동물을 지배하는 "영장"이 될 수 있게 만든 것이 바로 문명이며, 그 문명은 인류가 개발한 '도구'와 '무기'의 힘으로 다른 동물이나 사람을 살해할 수 있는 능력을 가졌기 때문이라고 생각합니다. 그런데 과연 인류가 개발한 '도구'와 '무기'의 힘이란 그렇게 자랑스럽기만 한 것일까요?

'도구의 개발'로 자연을 정복하고, '무기의 개발'로 다른 인간집단을 정복할 수 있게 한 '인류의 문명사'는 과연 그렇게 자랑스럽기만 한 것일까요? 저는 우리가 다시 한 번 조용히 생각해 보아야 한다고 생각합니다. 왜냐하면 21세기에 와서 지금 인류 문명은 이런저런 위기감을 느끼고 있기 때문입니다.

앞서 말한 바와 같이 자연은 자원의 고갈, 환경오염, 생태계의 파괴와 이상기후의 빈발 등 여러 가지 문제를 제기하고 있으며, 인류 사회에는 소수 민족의 결사저항, 핵무기의 확산과 같은 새로운 위기의 문제가 조성되고 있기 때문입니다.

도구를 개발하고, 무기를 개발해서 자연을 정복하겠다고 생각하는 인류가 스스로 자만에 빠져 핵전쟁을 일으키거나, 인간의 자연 정복이 자원의 고갈, 환경오염, 이상기후의 초래 등으로 지구촌의 인류뿐 아니라 모든 생명들을 살상하는 불행한 일이 벌어질 수도 있기 때문입니다.

물론 우리는 그렇지 않기를 간절히 바라고 있지만, 지구촌 여기저기에서 지진 또는 취급 부주의로 인한 핵발전소 폭발 사고가 일어날 수도 있고, 핵을 보유하고 서로 패권을 추구하는 국가들 간에 뜻하지 않은 우발적 핵전쟁이 나서 지구촌의 모든 생명을 파멸시킬 수도 있는 상황 하에 있으니 지금 과연 누가 인류 문명사의 최첨단 기술들이 인류와 지구촌 모든 생명들의 안전을 보장해주고 있다고 장담할 수 있겠습니까?

지금 우리는 인류 문명사의 최첨단에 서서 무엇인가 불안한 마음을
떨칠 수 없는 상태에 있는 것이 현실입니다.

2. 동물의 세계는 약육강식의 세계인가?

우리 함께 조용히 다시 생각해 보기로 합시다. 과연 동물의 세계는
약육강식의 세계이며, 인류는 문명의 힘으로 그것을 극복, 진화해서 모
든 생명을 지배하는 "만물의 영장"이 된 것일까요?

내가 분명히 대답할 수 있는 것은 "아닙니다"입니다. 왜냐하면 차라리
동물들은 각기 저마다의 천수(天壽)를 다하고 있는데, 문명개화해서 만물
의 영장이 되었다고 자부하는 인간들은 오히려 천수를 누리지 못하고
일찍 죽는 경우가 훨씬 많기 때문입니다.

'천수'란 대자연이 생명체들에 허용한 생존 기한입니다. 다른 모든
포유동물들은 모두 성숙기(成熟期)의 6배를 산다고 합니다. 성숙기란 그
포유동물이 세상 밖으로 태어나서 똑같은 생명을 재생산할 수 있는 능력
을 갖게 되어 짝짓기를 할 수 있는 시기를 말합니다.

따라서 인간의 '천수'는 짝짓기를 할 수 있는 나이를 16세로 보면
96세이고, 짝짓기를 할 수 있는 나이를 17세로 보면 102세가 인간의
천수가 됩니다. 그런데 현재 문명개화했다는 인간들은 과연 몇 살까지
살고 있는 것입니까?

인간들끼리의 무기에 의한 상호 살해, 문명의 이기(利器)를 이용하다
일어나는 이러저러한 사고사(事故死)는 물론이고, 나머지 대부분의 사람
들도 '천수'를 다하지 못한 채 이러저러한 '세균'들의 공격을 이겨내지

못하고 죽음을 맞고 있는 것이 현실입니다.

즉 문명개화했다는 인간들은 자신들이 만든 무기나 도구들 때문에 죽거나, 또 많은 사람들은 눈에 보이지도 않는 세균이라는 미세한 생명체의 공격을 이기지 못하고 죽음의 길을 가고 있는 것입니다.

그러니 만약 "약육강식하는 것이 생명체들의 세상"이라 본다면, 각종 세균들은 문명사회의 인간들보다 더 강하게 진화한 생명체라고 말할 수 있을지도 모르겠습니다.

과연 현대 문명인임을 자처하는 사람들 중에 몇 명쯤이나 '천수'를 다하고 죽는 상태라고 말할 수 있을까요? 대부분의 사람들은 '천수'를 누리지 못하고 죽어가고 있습니다.

그렇기 때문에 문명인들이 다른 동물에 비하여 '천수'를 다하지 못하고 있는 것이 현실입니다. 그리고 사람들은 왜 '동물의 세계'를 "약육강식"하는 세계라고 말합니까?

호랑이나 사자가 자기보다 힘이 약한 토끼나 사슴을 잡아먹고 살아가고 있는 것은 사실입니다. 그러나 호랑이나 사자가 자기보다 힘이 약한 토끼나 사슴을 살해해서(죽여서) 버려버리는 '살생' 행위를 하는 것을 보셨습니까? 즉 호랑이나 사자가 토끼나 사슴을 잡아먹기는 하지만, 죽여 버리는 것을 보셨습니까? 잡아먹는 것은 '섭생'(攝生)이지 '살생'(殺生)이 아닙니다.

3. 살생과 섭생은 어떻게 다른가?

'살생'은 어떤 생명체를 죽여 없애는 행동입니다. 그렇지만, '섭생'은 한 생명체를 또 하나의 다른 생명체로 바꾸는 행동입니다. '섭생'과 '살생'은 엄연히 다른 행동의 개념이며, 전혀 다른 의미를 가지는 말인 것입니다.

따라서 '섭생'과 '살생'은 엄격히 구분되어야 한다고 생각합니다. 그런데 정상적인 "동물"들은 "섭생"은 하지만 "살생"은 하지 않습니다.

예를 들어 봅시다. 사자나 호랑이가 배불리 먹고 자리에 누워 있는데 토끼나 사슴이 그 앞에 나타났을 경우, 사자나 호랑이가 이유 없이 그 토끼나 사슴을 죽여 버리는 것을 보신 일이 있으십니까? 물론 자기 배가 고프면 뛰어가서 그 토끼나 사슴을 잡아먹겠지만, 자기 배가 부르면 사자나 호랑이의 행동은 달라집니다.

즉 비록 토끼나 사슴이 자기 앞에서 까불며 놀고 있어도, 그것을 죽여 없애 버리는 일은 하지 않습니다. 즉 대자연 속의 동물들은 생명의 요구에 따라 자기보다 약한 동물을 잡아 '섭생'을 하지만, 죽여 없애버리는 '살생' 행위를 하지는 않는다는 말입니다.

그러나 더 효과적으로 다른 생명을 죽일 수 있는 좋은 '도구'나 '무기'를 개발했다고 자랑하는 문명사회의 인류는 어떻습니까?

배가 고파서 먹고살기 위해서 즉 '섭생'을 하기 위해서 다른 생명을 죽이는 경우보다는, 자신의 이런저런 여러 가지 다른 욕심을 채우기 위해, 예를 들면 더 화려한 옷을 사 입고, 또는 다른 종류의 향락을 즐길 수 있게 하는 '돈'을 벌기 위해 서슴지 않고 다른 생명을 죽이는 '살생'을 하는 경우가 더 많은 것이 현실이 아닙니까?

인간들의 '살생' 행위가 정당성을 가지는 것은 오직 자기나 자기 겨레(가족 → 씨족 → 부족 → 민족 → 한겨레)의 구성원을 다른 사람이나 다른 동물이 죽이려 할 경우에, 그 구성원의 생명을 보호·방위하려는 경우, 즉 '정당방위'가 인정될 경우에 한정되는 것입니다.

그럼에도 불구하고 인간들은 정당방위가 아닌 자신들의 이러저러한 욕망 충족을 위해서 '살생' 또는 '살인' 행위를 자행해온 것이 인류 문명사의 현실이었습니다.

전환기의 세계사

1. 20세기 "서양 문명의 몰락"과 동방 문화에 대한 서구인의 관심

흔히 "서양 문명" 또는 "서구 문명"이라 불리는 '지중해 문화'를 보면, 그들의 근현대 역사는 너무도 많은 전쟁들로 얼룩져 있는 것을 볼 수 있습니다. 지중해 연안 전체를 지배하고 있던 로마제국이 동과 서로 양분되고, 그 후 다시 '신성로마제국'(962~)이 수립된 후에, 1337년의 '영불 백년전쟁'을 비롯해서, 1455~85년 영국의 '장미전쟁', 1519년 독일의 '종교전쟁'과 1524년의 '농민전쟁', 1568년 '폴란드 독립전쟁', 1618년 독일의 '30년전쟁', 1652년과 1664년의 1, 2차 네덜란드와 영국 간의 '영·란전쟁', 1701~14년의 '스페인 계승전쟁', 1740~48년 '오스트리아 계승전쟁', 1756년의 영·불 간 '7년전쟁', 1866년 '보·오전쟁', 1870년의 '보·불전쟁'이 뒤를 이었고, 1900년대에 와서는 1910년의

'이 · 토전쟁'을 비롯해서, 드디어 지구촌 곳곳에서 식민지 쟁탈전을 벌이다가 힘 있는 제국주의 상호 간에 "제1차 세계대전"이 일어났고 결국은 "제2차 세계대전"에 이르렀던 것입니다.

이런 전쟁의 역사 속을 살아온 서양 사람들이 인류의 문명사를 "약육강식의 역사"로 이해하는 것은 무리가 아닙니다. 그리고 이 "약육강식"에는 한 인간이 동물이나 다른 인간을 효과적으로 살해할 수 있는 '도구'나 '무기'의 힘이 결정적으로 중요한 의미를 가지는 것도 사실이었습니다. 따라서 인류의 문명사는 '도구'와 '무기의 발달사'라 해도 과언이 아닙니다.

따라서 이런 전쟁 속에서 살아온 유럽 사람들이 전쟁으로 인해 많은 사람들이 죽어가는 것을 보면서, "약육강식"하는 서구 문명에 대해 "과연 서구 문명이 이대로 계속될 수 있을 것인지?" 회의를 갖게 되는 것은 당연한 것이었습니다. 그리고 교통 통신의 발달로 인도와 중국 등 동방 국가들과 교류하게 되면서, "동방 문화"는 비록 약육강식하는 전쟁 능력에서는 서구의 문명 수준을 당할 수 없는 낮은 수준이지만, "지중해 문화" 즉 "서양 문명"과는 다른 그 무엇이 있다는 사실을 알게 되면서 "동방 문화"에 많은 관심을 갖게 되었던 것입니다.

그리하여 이를 배경으로 서양 문명에 회의를 나타내는 슈펭글러의 "서구의 몰락", 자본주의의 종말을 설파한 칼 마르크스의 "자본론", 생의 허무와 부조리를 강조한 사르트르의 "실존론" 등이 나오게 되었습니다.

그러나 어쨌든 20세기의 서양 문명은 1, 2차 세계대전 속에서 과학기술의 급속한 발전을 이룩하고 각종 새로운 기계들의 발명으로 일을 기계로 더 편하게 처리할 수 있게 했고, 또한 '살인 무기'도 비약적 발전을 가져왔습니다.

그러다 드디어 무차별적 대량 살상이 가능한 핵무기의 출현으로 귀결된 채, 긴 냉전시대를 거쳐야만 했습니다. 그리고 그런 가운데 우리 인류는 21세기를 맞이하게 된 것입니다.

2. 21세기의 세계화와 민족국가를 넘은 '한겨레'의 형성과정

그러는 동안 Corea는 생존을 위해서 '서양 문명'이 필요하다는 것을 깨닫고, 19세기 후반부터 서양 문명의 도입을 시작했습니다.

그렇지만 과거부터 무(武)를 숭상하는 상무정신(尙武情神)이 강하고 일찍 제국주의적 식민지 획득을 추구한 일본에 의하여 식민지로 전락되었습니다. 그렇기 때문에, Corea에서는 20세기 이후 일제 강점기에 '서양 문명'이 더욱 많이 보급되었습니다.

그러다 1945년 일본이 '약육강식'하는 '서양 문명'의 세계에서 가장 힘이 센 아메리카제국(USA)과의 전쟁에 패하자, 일본제국의 식민지였던 Corea는 세계 최강인 미제국에 의하여 남북으로 분할되어 미국과 소련의 점령지가 되었습니다.

그 후 '지중해 문화' 이른바 "서양 문명"은 동쪽으로는 대륙을 따라 동유럽과 소련을 거쳐 Corea의 북쪽 땅 북조선으로 들어왔고, 또 한편 서쪽으로는 대서양과 태평양을 건너 Corea의 남쪽 땅 남한으로 진출하였습니다.

그리하여 20세기 후반 Corea 반도에서는 미소 간의 냉전이 지속되는 동안 '6 · 25'라는 비극적 동족상잔의 '전쟁'(열전)을 겪었고, 남북 간은 21세기를 맞은 현재까지도 60년이 넘도록 그대로 무력적 생존경쟁을 위한 군비경쟁의 시대가 지속되고 있는 현실입니다.

그래서 Corea의 남과 북은 서로 상극하며, 여러 가지로 "서양 문명"의 한계성을 노출하고 있는 것입니다. 그리고 Corea 반도에 사는 우리 Corea 사람들의 '겨레'는 현재 이 동서냉전의 한계, 즉 "서양 문명"의 한계성을 극복하지 못하면, 하나의 통일된 '민족국가'를 이룰 수 없을 뿐 아니라, 자칫 잘못하면 남과 북이 공멸해야 하는 운명에 처해 있는 현실입니다.

그런데 서양 문명이 동서 냉전 대립을 나타내고 있는 Corea 반도는 공교롭게도 지구상에서 가장 큰 육지인 '유라시아 대륙'과 지구상에서 가장 큰 바다인 '태평양'이 마주쳐 파도치는 곳이라는 사실입니다. 남과 북의 갈등 현실은 천지 대자연이 양과 음의 갈등관계 속에서 운행된다고 설명한 동양의 '음양론'을 다시 한 번 생각하게 하는 대목입니다.

지금 우리 Corea 사람들은 이 땅에서 음과 양이 상호작용을 해서 새로운 '생명 문화'를 창조하느냐? 아니면 음과 양이 상호작용을 해서 '폭발'하고 마느냐? 하는 것을 결정해야 될 민족사적이고 더 나아가 세계사적인 과제 앞에 세워져 있는 것입니다.

따라서 저는 지금 우리 앞에 놓인 민족통일 문제는 단순하게 Corea 사람들이 자신들의 하나의 근대적 민족국가(a nation state)를 수립하려는 '민족통일'의 문제로만 볼 것이 아니라, Corea 사람들이 인류 문명사적 변화를 위하여 전 세계 인류가 평화롭게 함께 더불어 사는 '한겨레'를 이루게 하려는 세계사적 사명을 다하기 위한 문제로 보아야 한다고 생각합니다.

남과 북이 충돌하여 폭발한다면 인류 문명 또한 폭발할 수밖에 없으며, 남과 북이 상생과 조화의 길을 찾아 하나의 겨레, 하나의 나라를 다시 건설한다면, 분쟁 중에 있는 많은 나라들은 또한 Corea 사람들의 예를 따라, 모든 사람들이 평화롭게 공존하는 새로운 인류 문명사를 창조할 수 있게 될 것이기 때문입니다.

3. '한겨레' 즉 '인류 공동체'의 살길을 찾자

인류의 문명사가 한쪽 바퀴로는 자연을 정복 대상으로 하는 '도구'를 개발하고, 다른 한쪽 바퀴로는, 다른 인간집단들을 정복 대상으로 '무기'를 개발하며 정신없이 굴러온 과정이었다고 말할 수 있다면, 이제 이 문명의 바퀴는 그 어떤 한계에 와 있다고 하는 것을 저는 앞에서 지적한 바 있습니다. 그러면 이제 우리는 어떻게 해야 하느냐? 어떻게 하면 현대 문명이 가지고 있는 문제를 풀고, 앞으로 우리가 올바른 살길을 찾을 수 있을 것인가 하는 문제를 생각해야 할 단계에 이르렀습니다.

먼저 과학기술이 개발하는 '도구'의 힘으로 자연을 정복했다고 생각하며 자랑하는 문명은 과거에 '땀' 흘려서 했던 일들을 전기기계들의 힘으로 쉽게 해치울 수 있게 했으며, 이로 인해 전기에 대한 필요는 점차 증대했습니다. 그런데 그 전기를 과거에는 석탄이나 석유 자원에 의존했지만, 그것들이 모두 유한한 자원이기에 그것들을 둘러싸고 제국주의 국가들 상호 간에 싸움질을 하다가, 과학기술의 발달은 결국 원자력발전소를 개발하게 되었습니다.

원자력발전소는 무한한 전기를 제공하여 사람들이 필요로 하는 일을 대신할 수 있는 가장 중요한 '도구'가 되었습니다. 그런데 오늘날 그 원자력발전소들은 다시 일정한 한계를 나타내게 되었는데, 러시아의 '체르노빌'이나, 일본 '후쿠시마'에서 일어난 원전 사고가 그 실례(實例)

였습니다. 그리고 이 사고들은 원자력 사고가 사람들이 살아야 할 지구촌의 자연환경을 앞으로도 계속 전혀 쓸 수 없는 폐허로 만든다는 사실을 보여 주었습니다.

그리고 '무기'의 힘으로 이웃 인간집단들을 정복하며 세계 패권을 추구해 오던 강대국들도 오늘날 핵전쟁에 의해 지구촌의 모든 생명체가 전멸하는 것을 각오하지 않을 수 없는 상황에 이른 것도, 모두 과학기술의 힘을 빌려 이룩한 현대 문명의 결과입니다.

그런데 저는 앞에서 인류 문명의 세계와 동물의 세계가 어떻게 다른가? 하는 문제를 논의하면서 동물들은 대체로 '섭생'을 하는 데 그치지만, 문명 세계 속의 인류는 '섭생'을 넘어, '낭비와 사치'를 위하여 대자연 속의 동식물들에 대해 무차별적 '살생'을 감행하고, 드디어는 같은 인간들까지 살상하기에 이르렀다는 것을 지적하였습니다. 그리고 이와 같은 '살생'의 주된 원인은 이러저러한 개인적 욕망의 추구에서 비롯되었다는 것을 말씀하였습니다.

그래서 석가모니 부처님은 '욕심'을 '버리라'고 강조하시기도 했습니다. 그러나 이때 '욕심'을 "버리라"는 말씀은 인간에게 모든 '욕심'을 아주 "없애라"는 뜻은 아니었습니다. 만약 사람이 모든 '욕심'을 다 버린다면, 사람의 삶은 애당초 성립하지 않기 때문입니다. 식욕도, 성욕도, 어떤 일을 하려는 의욕도 다 "버리라"는 말로 이해하여 사람이 자신의 모든 욕심을 없애 버린다면, 삶이 어떻게 성립할 수 있겠습니까? 애당초 태어나지도 않을 것이며, 태어났어도 몇 시간 뒤에는 시체로 변할 것입니다.

욕심은 사람으로 하여금 어떤 행동을 하게 하는 추진동력(자동차에선 액셀러레이터)입니다. 그러나 추진동력만 있고, 그것을 조종할 수 있는 제동장치(절욕, 금욕, 자동차에선 브레이크)가 없거나 작동하지 않는다면, 그런 사람은 얼마 안 가서 죽음의 나락으로 떨어지거나, 장벽을 들이받고 끝장이 날 수밖에 없지 않겠습니까? 따라서 석가모니 부처님이 우리에게 '금욕'을 말씀하신 것은 "욕심의 제동장치 즉 브레이크를 잡을 줄 아는 사람"이 되어야 함을 강조하셨던 것으로 이해해야 할 것입니다.

자동차를 운행하려면, 액셀러레이터와 브레이크를 모두 갖춘 차를 운전해야 하듯, 사람도 욕망과 그 욕망의 끈을 잡는 '절제심'을 모두 갖추고 있어야 한다는 말씀입니다. 그래야 절벽을 만나면 브레이크를 잡아 차를 멈추거나 방향을 바꾸게 하고, 탄탄대로에서는 액셀러레이터를 밟아 전진을 촉진할 수 있을 것이기 때문입니다. 문제는 욕망의 끈을 잡고 차를 멈추게 하는 절제심을 발휘해야 할 때와 조건을 바르게 즉 생명의 요구에 합당하게 파악하는 일입니다.

생명의 요구에 합당하게 절제심을 발휘하자면, 먼저 생명의 요구가 무엇인지를 정확히 파악하는 일이 중요합니다. 생명 즉 '삶'의 요구는 '자연계' 안에서 몸은 '땀' 흘려 '물질대사'를 하고, 인간 공동체 즉 '겨레' 안에서는 '얼'이 '눈물'을 흘리며 '겨레' 구성원들 사이에서 열심히 '의미대사'(=의사소통)를 잘 하는 일입니다.

여기서 우리는 사람의 '몸'이 물질대사를 하는 데 필요한 물질은 과연 무엇인가를 잠깐 생각해 보기로 합시다. 사람의 몸이 가장 많이 필요로 하는 물질은 첫째 공기, 둘째가 물, 그리고 셋째가 먹을거리, 넷째가 의복과 주거입니다. 공기는 단 5분도 멈출 수가 없습니다. 다음으로 물은 몇 시간쯤은 멈출 수 있지만 며칠 동안 멈출 수는 없고, 먹을거리는 며칠 멈출 수는 있지만 몇 달을 멈출 수는 없습니다. 그리고 추위를 피하기 위해서 옷이 필요하고, 우로를 피하기 위해서 주거가 필요합니다.

그래서 우리 몸의 물질대사를 위해서 필요한 물질은 공기 → 물 →
의류 → 주거의 순이라 할 수 있습니다. 따라서 저는 삶의 요구에 역행하
는 죄는 대자연의 정화(淨化)수준을 넘는 공기 오염이나 물 오염, 그리고
먹을거리를 오염시키거나 빼앗는 행위와 다른 사람이 의류나 주거를
갖지 못하게 그것들을 독점하는 행동이라고 생각합니다.

따라서 우리가 어떤 물자를 소비하는 행위는 삶(생명)의 요구를 넘지
않는 정도로 절제 즉 절용(節用)되어야 한다는 것입니다.

그런데 오늘날의 현실은 공기와 물을 오염시키는 환경 파괴행위가
무분별하게 자행되고 있으며, 먹을거리가 돈벌이를 위해서 오염되고,
의류, 주거는 돈이나 권세 있는 사람들에 의해서 독점되고 있어 돈이나
권세가 없는 사람은 굶주리며 헐벗고 노숙하지 않을 수 없게 되는 처지
입니다.

그리고 돈이나 권세를 가진 사람들은 사치를 위해 함부로 멀쩡한
옷을 버리고 새 옷으로 바꾸고, 집을 독점하고 있는 사람들은 집 없는
사람들에게 '임대료'라는 형태로 착취를 일삼고 있는 것이 현실이 아닙
니까?

따라서 사람이 대자연 안에서 스스로 '땀' 흘려 일하기를 거부하고,
'겨레' 안에서 '눈물' 흘리며 서로 소통하기를 거부한다면, '삶'은 병들지
않을 수 없는 것입니다. 그런데 현대 문명인들은 과학기술의 수단으로
온갖 기계들을 가동할 수 있는 원자력발전소를 돌리면서 '몸'으로는
'땀' 흘리기를 거부하고 있으며, 또 '얼'이 다른 생명체들 즉 다른 식물·
동물들은 물론 다른 인물들의 아픔에는 눈을 감고 '눈물'을 흘리기를
거부하고, '무자비한 살생행위'를 자행하고 있으니 이 어찌 병들었다고

아니할 수 있겠습니까?

　이렇게 볼 때, 21세기 현재 인류가 당면하고 있는 두 가지 큰 문제, 즉 첫째 지구촌 자원의 고갈, 환경의 오염, 생태계의 파괴 등에 대한 자연의 저항과, 둘째 최고의 살상무기인 핵무기를 수없이 많이 가지고 세계적 패권을 장악하고 있는 강대국의 지배에 저항하며 결사항전하고 있는 약소 민족국가들의 저항, 자살 폭탄을 등에 지고 강자들의 무리에 뛰어들어 저항의 목소리를 높이며 폭사하는 사람들, 이런 문제들에 대해 과학기술의 발달로 이룩한 현대 인류 문명이 과연 어떤 해결책을 내놓고 있습니까? 더구나 이것들은 교통·통신 수단의 발달로 지구촌 사람들은 지난날의 씨족, 부족, 민족의 범위를 넘어 하나의 인간 공동체 즉 '한겨레'를 형성해 가고 있는 상황에서의 문제입니다.

　오늘날 Corea의 남과 북의 사람들은 현대 문명이 가르친 대로 대자연 속의 여러 가지 동식물들을 마구 살생하고 있을 뿐 아니라, 지난날 남과 북의 사람들이 아름다운 금수강산이라고 하던 산과 들, 강물을 무자비하게 훼손 오염시키고 있지 않습니까? 그리고 오늘날 Corea의 남과 북에 사는 사람들은 지난날 1950년대의 '6·25전쟁'에서 해양세력과 대륙세력을 등에 업고, 수백만이 죽는 동족상잔의 전쟁을 치르고, 60여 년이 지났어도 아직 전쟁을 끝내지 못하고 지금도 서로 무력강화를 계속하며 남북 전멸의 위기를 마주하고 있지 않습니까?

　이런 상황에서 이제 Corea 사람들은 욕심의 브레이크를 잡고, 아름다운 금수강산을 되찾아야만 할 단계에 이른 것을 깨달아야 하며, 또 자신들의 살길을 찾아 평화적 통일을 이룩하는 일을 해야 합니다. 그것이 바로 현대 인류 문명사가 당면하고 있는 문제를 풀어 '한겨레' 즉 '인류공동체'가 앞으로의 살길을 찾는 세계사적 임무와 하나인 것입니다.

21세기 Corea 사람들의 세계사적 사명

1. 세계사의 3대 문화권

집단적 사회생활을 하는 인류는 사회 구성원 간의 소통을 위해서 '말'이나 '글'(문자)을 필요로 합니다. 그런데 그 '말'이나 '글'은 사회 집단마다 특성이 있게 마련이고, 이 특성을 우리는 그들의 문화적 특성으로 이해합니다.

따라서 역사적 유물이나 기록을 통해서 알 수 있는 인류의 문화는 분류의 기준에 따라 그 수가 헤아릴 수 없이 많을 수 있습니다.

그러나 역사상 인류의 문화는 강물을 이용한 교통수단의 발달과 밀접한 관련을 갖고 있었습니다. 그래서 인류의 고대 문화는 주로 강변에서 발달, 확산되었습니다.

'나일' 강변에서 발달한 이집트 문화, '티그리스·유프라테스' 강변에서 발달한 바빌로니아 문화, '갠지스' 강 유역에서 발달한 인도 문화, '황하' 유역에서 발달한 중국 문화, 이들은 모두 사람들이 교통수단으로 이용할 수 있는 강물과 무관하지 않았습니다.

그런데 이들 수많은 인류 문화들을 유형화(類形化)해서 분류해 본다면, 저는 크게 3대 문화권이 있었다고 생각합니다.

그것은 즉 '인도 문화권', '중국 문화권', 그리고 소위 '서양 문화'라고 불리는 '지중해 문화권'입니다. 물론 아메리카 대륙에 살던 인디언들의 문화도 있었고, 아프리카 내륙의 토인 문화도 있었습니다. 그러나 아메리카 인디언들의 문화나, 아프리카 토인들의 문화는 인류의 세계사에서 큰 역할을 하지 않았기에 논외로 하겠습니다.

그리고 이렇게 볼 때 인류의 3대 문화권은 각기 일정한 특징을 가지고 있으며, 그 문화의 핵심에는 각기 성인(聖人)들이 계셨고, 그의 가르침을 전파하는 종교가 있었습니다.

저는 그것이 인도 문화권에서는 '석가모니' 부처님의 불교, 중국 문화권에서는 '공자', '맹자'님의 유교와 '노자', '장자'님의 도교 등이었으며, 지중해 문화권에서는 '예수'님의 천주교, 기독교와 '마호메트'님의 이슬람교 등이었다고 봅니다.

그래서 이들 3대 문화권이 가진 특징을 상징적으로 표현한다면, 인도 문화권은 영구회귀(永久回歸)와 윤회(輪回)를 이루는 원형으로, 중국 문화권은 천지(天地), 군신(君臣), 남녀(男女), 음양(陰陽) 등 대칭성을 강조하는 사각형 즉 구형(矩形)으로, 그리고 지중해 문화권은 시간과 공간이 무한으로 뻗어있는 것을 전제로 하는 열십자형(十字形) 모습으로 생각할 수 있습니다.

그런데 지구촌은 18세기 이후 급속한 과학기술의 발달과 더불어 지중해 문화가 지배적인 문화로 되었습니다. 그리고 지금 21세기를 맞고 있는 상황에서 지중해 문화의 종점에서 인간들이 과학기술의 발달로 이룩한 도구의 개발로 지배할 수 있다고 생각했던 '자연'이 이의를 제기하고 있으며, 또 과학기술의 발달로 이룩한 무기의 개발로 정복하고 지배할 수 있다고 생각했던 '작은 인간집단들'이 이의를 제기하여, 인류 문명사에 큰 위기가 형성되고 있는 실정입니다.

따라서 저는 인류가 이 지구촌에서 계속 삶을 영위하자면, 무엇인가 역사가 요구하는 인류 문명사 전환의 방향을 바르게 찾아 제시해야 되는데, 그와 같은 세계사적 임무를 담당해야 할 사람들이 바로 Corea 사람들이라고 생각합니다.

왜냐하면 그들은 자연을 사랑하며 수천 년간 아름다운 금수강산을 지키며 살아온 백성들이고, 또 그들은 지난 수천 년 동안 이웃 나라를 정복의 대상으로 삼은 일도 없는 착한 백성들이기 때문입니다. 그뿐 아니라, Corea 사람들은 지구촌에서 유일하게 지난 수천 년간에 지구촌에 형성된 모든 문화들 즉 인도 문화, 중국 문화, 그리고 지중해 문화를 1,000년 동안의 역사에서 모두 흡수, 체험하며 살아온 사람들의 후예이기 때문입니다.

2. 지난 1,000년 Corea의 역사

지구촌에서 가장 큰 육지인 유라시아 대륙의 동쪽 끝, 그리고 지구촌에서 가장 큰 바다 태평양의 서쪽 끝에 위치한 Corea 반도에서 1,000년 이상 생활해온 Corea 사람들의 피에는 지난날 선조들이 겪은 체험의

유전자가 보존되어 있습니다. 따라서 우리는 지난 1,000년의 Corea 역사를 잠시 되돌아볼 필요가 있습니다.

흔히 사람들은 신라가 A.D. 7세기경에 Corea 반도에 있던 3국을 통일했다고 말하지만, 그것은 아직 Corea 반도의 사람들이 씨족 → 부족의 단계를 지나서, 하나의 민족을 이루는 단계는 아니었습니다. 신라는 아직도 부족국가의 성격이 강한 왕국이었습니다. 그래서 저는 Corea 반도의 역사에서 부족 단계를 넘은 Corea 민족의 형성은, A.D. 10세기 이후에 성립한 고려왕국 시대였다고 생각합니다.

고려왕국에서도 신분계급제도는 그대로 있었으나, 고려왕국은 어느 부족 출신인지를 따지지 않고 신라·백제·고구려의 왕족, 귀족들을 폭 넓게 포섭하여 관직을 주었고, 특히 A.D. 10세기(A.D. 958년)에는 과거제도(科擧制度)를 광범위하게 실시하여 과거를 통해서 그들에게 고려왕국의 관원이 되는 길을 열어 주었을 뿐 아니라, 고려왕국은 자국 영토 내의 모든 주민들을 고려왕국의 민인(당시는 백성들을 민인(民人)이라 불렀음)으로 인정하고 나라를 다스렸기 때문입니다.

그런데 이들 고려왕국에는 옛날부터 전해 오던 무교(巫敎), 중국에서 들어온 유교(儒敎), 인도에서 발원하여 중국을 거쳐 Corea에 들어온 불교(佛敎) 등의 여러 가지 종교 신앙들이 이미 있었습니다.

그러나 고려왕국에서는 특히 선종(禪宗)을 중심으로 하는 불교를 왕국의 지배적 종교로 삼았습니다. 그래서 전국 도처에는 사찰(寺刹)들이 많이 생기고, 그 사찰들은 신도들의 헌납에 의하여 많은 토지를 지배하게 되어 사찰들이 조(租)를 받게 되었습니다.[5] 그리고 또 과거제도가 고려왕

••
5. 당시는 토지에 대한 사적 소유권이 아직 없었습니다. 토지에 대한 지배권이란,

국의 기득권자들에 의하여 문음(門蔭), 공음(功蔭)⁶ 등으로 음서제도(蔭敍制度)가 남용되어 현행 관원이 아니면서 조(租)를 받아가는 자들이 많이 있어 일반 민중들은 사찰과 관료들에 의하여 이중의 수탈을 당해 여러 가지 어려움을 당하는 경우도 많아지게 되었습니다.

그 결과로 고려왕국에서는 14세기 말경에 전국 도처에서 노예, 천민, 농민들의 봉기가 자주 일어났고, 그것을 진압한다는 구실로 무인들이 도처에서 반란을 일으키는 상황이 벌어져 고려왕국이 멸망하는 사태가 벌어지고 말았습니다.

당시 고려왕국의 무장(武將)이었던 이성계(李成桂)는 북방의 명나라가 침략하는 것을 막기 위해 군사를 이끌고 북쪽으로 가다가 압록강에 있는 위화도(威化島)에서 총부리(당시는 칼과 화살)를 되돌려, 고려왕실을 멸망시키고, 1392년 조선왕국을 세우는 결과를 초래하게 되었습니다.

그런데 이성계가 조선왕국을 세우는 과정에서 맨 먼저 단행한 것이 토지제도의 개혁이었다는 사실에 주목할 필요가 있습니다. 그것은 고려왕국 시대에 대부분의 토지에 대한 수조권(受租權)을 불교의 사찰들이나 고려왕국의 관리들과 그 자손들이 지배하고 있었는데, 그들의 수조권을 무효화하고 경국대전(經國大典)의 규정대로 경자유기전(耕者有其田)의 원칙에 따라 경작자를 보호하는 정책을 취했기 때문입니다.

* *

　　다만 그 토지에서 나오는 조(租: 세금 대신 관리들에게 바치는 소작료)를 내는 것을 의미합니다. 원래 경작인=농민들은 직접 나라에 세(稅)를 내는 것인데, 그 세를 관리에게 대신 내는 것을 조(租)라고 했습니다.
　6. 문음(門蔭)은 문벌 귀족들이 지기 집안의 특권을 계속 유지하기 위하여 5품 이상의 관리의 자손에게 주는 제도이고, 공음(功蔭)은 특별한 공로가 있는 관리의 자손에게 관직을 주는 제도입니다. 이들 문음과 공음을 합하여 음서제도(蔭敍制度)라 합니다.

그 후 조선왕조에서는 성내에 사찰을 지을 수 없게 하였고, 또 전국 도처의 사찰들이 보유하고 있던 수조권을 무효화하는 등 철저한 배불정책(排佛政策)을 실시하였습니다. 그러면서 조선왕조는 '중국 문화권'에서 들어온 공자님, 맹자님들의 유교를 숭상하는 정책을 썼습니다. 그래서 고려왕조시대에 지배적 종교였던 불교가 끝이 나고, 조선왕조시대에는 중국에서 전개됐던 유교 중심 사회가 되었습니다.

그러나 15세기에 시작한 조선왕조를 지배했던 유교 중심 사회도 세월이 흘러 17세기 후반에 내려오면 점차 이런저런 폐단이 나타나기 시작했습니다. 그것은 토지에 대한 수조권을 관료들이 관직도 없는 자기 자손에게 상속하는 사태가 광범하게 벌어지고, 조선왕국의 가장 중요한 이념(지배 이데올로기)이었던 유교 즉 중국 문화의 정수도 당파싸움의 도구로 화하여 소위 사색당쟁(四色黨爭)에 여념이 없는 상태로 되고 말았습니다.

그 결과로 가렴주구(苛斂誅求)에 시달리던 조선왕국 농민들은 전국 도처에서 민란을 일으켰으며, 19세기 말에는 '동학농민운동'과 같은 민중 봉기를 초래하였고, 드디어 조선왕조는 일찌감치 서구 문명을 받아들여 신예무기인 조총을 사용했던 일본에 의하여 식민지로 전락하고 말았습니다.

그리하여 결국 조선왕국은 20세기 초에 이르러 망국의 길로 들어서, Corea는 일본제국주의의 식민지로 전락하였고, 드디어는 무력의 힘으로 일본제국을 굴복시킨 아메리카제국(USA)에 의하여 남북으로 분할되어 미국과 소련의 점령지가 되어서, 남에는 친미 대한민국, 북에는 친소 조선민주주의인민공화국이라는 두 개의 분단국가가 세워진 것입니다.

따라서 '지중해 문화' 즉 서양 문명이 Corea에 들어온 것은 주로 19세기 말에 시작해서, 20세기를 거쳐 현재에 이른 일입니다. 즉 일본제국이 패전으로 물러갈 때까지는 주로 일본을 통해서, 그리고 그 뒤로 남측은 주로 태평양을 건너온 미국을 통해서, 북측은 주로 유라시아 대륙을 넘어 온 러시아를 통해서 '지중해 문화'가 Corea에 전파되었습니다.

그런데 그 '지중해 문화'가 현재 Corea 반도에서, 남측은 서양 문명이 20여 기의 핵발전소를 운영하면서 밤낮으로 전기 불을 밝혀 놓고 경제적 부를 자랑하며 흥청망청 사치와 향락을 즐기고 있으며, 그리고 북측은 자신들을 압살하려는 한·미동맹에 대항하기 위해서 굶주린 배를 움켜 쥐고 역시 과학기술이 제공한 핵무기를 만들어 가지고, 남과 북이 서로 대립, 갈등하고 있는 상태입니다.

따라서 이 갈등이 원만히 해결되지 않을 경우, 쌍방은 모두 '지중해 문화'의 첨단에서 획득한 '도구'와 '무기' 덕분에 전멸할 수밖에 없는 위기를 맞고 있는 것입니다.

그런데 Corea에서 진행 중인 남북 간의 이와 같은 갈등은 전 세계 즉 지구촌 전체가 핵발전소와 핵무기를 가지고 서로 갈등하며 상쟁하는 문제를 야기하고 있는 것과 무관하지 않으며, 그것이 제대로 해결되지 않을 경우 드디어는 지구촌의 모든 생명을 전멸시킬 수도 있는 현재의 '인류 문명사'의 위기와 직결되어 있다고 생각합니다.

3. 21세기 Corea의 평화통일과 세계사적 의미

이제 Corea의 남과 북에 사는 사람들은 중대한 갈림길에 서 있습니다.

현재의 남북갈등 즉 음·양 간의 갈등을 상생과 조화의 '평화적 통일'로 해결할 것인가? 아니면 남북 간의 충돌, 즉 음·양 간의 상극(相剋)과 폭발(爆發)의 전쟁으로 맞을 것인가? 하는 갈림길입니다.

남북 쌍방 당국이 모두 상생 조화의 '평화적 통일'을 해야 된다고 말은 합니다. 그런데도 1950년의 6·25전쟁 이후 60여 년의 세월이 흘러도 아직 싸움질을 끝내지 못했고, 남북 정권 당국은 '7·4남북공동성명', '남북기본합의서', '6·15남북공동선언', '10·4남북공동선언' 등 평화통일의 길로 가기로 약속한 바 있음에도 불구하고, 진정성을 가지고 이를 존중하려 하지 않고 서로 대립, 갈등하고 있는 것이 현실입니다.

그러면 이와 같은 대립 갈등의 가장 중요한 이유는 과연 무엇이며, 언제까지 지속될 수 있는 것일까요? 그 이유는 '서양 문명'이라고 불리는 '지중해 문화'가 추구하는 약육강식의 논리 즉 "현대적 과학기술의 힘으로 보다 우수한 '도구'와 '무기'의 힘을 가지면, 갈등하는 상대방을 타도 굴복시킬 수 있다"는 생각입니다.

그래서 한편은 수많은 핵발전소를 가지고 부를 누리면서 세계 최대강국과의 군사동맹만 공고히 하면 된다는 생각을 갖게 되었고, 또 다른 한편은 핵무기만 가지면 누구도 자신들을 공격할 수 없다는 생각을 갖고 있습니다.

이 경우에 전제되는 것은 남과 북의 국가 권력 당국은 서로 상대방을 없애야 할 대상으로 보고, 상대방에 대한 애정이나 존중심(尊重心)을 전혀 갖고 있지 않으며, 돈의 힘으로 또는 무기의 힘으로 상대방을 굴복시켜 버려야 된다는 생각을 갖고 있다는 사실입니다.

그리고 그것은 그동안 지중해 문화가 과학기술의 발달에 의지하여 세계적 지배자가 되겠다는 경제적·군사적 패권주의 사고와 같은 것이라 볼 수 있습니다.

그러나 이와 같은 패권주의적 사고는 언제까지나 지속되지 않을 것입니다. 왜냐하면 사람의 '삶'에서 '겨레'(=인간 공동체)는 필수적인 조건이기 때문입니다.

그리고 '겨레'란 그 '겨레' 구성원들이 하나의 '운명 공동체'로서 상호존중(相互尊重)하고 화이부동(和而不同)하며 공존공생(共存共生)을 추구하지 않으면 성립할 수 없는 것입니다. 그런데 오늘날의 사람들은 삶의 진실을 깨닫지 못하고 '사람'을 개체로 생각하고, 그 개체들이 저마다의 부와 권력만을 추구하고 있는 현실입니다.

앞에서 말한 바와 같이 Corea에서 부족(部族)단계를 넘어 민족(民族)이 형성된 것은 1,000년 전부터인데, 오늘날의 Corea 민족 특히 남과 북의 국가 지배층 사람들은 '겨레' 구성원 간의 '운명 공동체'적 유대의식을 상실한 것이 문제입니다.

그럼에도 불구하고 저는 부와 권세에서 소외된 일반 백성들은 아직도 '민족' 구성원 간의 끈끈한 유대의식을 잃지 않고 있다고 생각합니다.

일찍이 1919년 3·1만세운동 때에 Corea의 백성들이 국가 지배층의 눈치를 보며 잠잠해 보였지만, 농민대중들이 전국적으로 들고일어나 "위력(威力)의 시대가 거(去)하고, 도의(道義)의 시대가 래(來)하도다"라는 3·1만세운동 정신에 따라 '독립만세'를 부른 경우와 같이, 지금 비록 남과 북의 백성들이 조용하지만 앞으로 깨어 일어나서 함께 '겨레'의 "평화적 통일 만세"를 외친다면, 아무도 이것을 막을 수는 없을 것입니다.

이제 남과 북의 백성들은 돈과 권력의 지배하에 있는 기성 홍보매체들의 영향을 벗어나서 과학기술 문명의 발달이 제공한 바로 그 인터넷(SNS) 매체들을 통해 서로 소통하면서 깨어나는 그날, 평화적 통일을 위한 남과 북 민중들의 함성은 천하를 바꿀 것입니다.

현재의 상태에서 '겨레'의 평화적 통일이란 구태여 하나의 권력을 추구하는 것이 아닙니다. 서로의 다름을 '인정존중'(認定尊重)하면서, 평화적으로 함께 더불어 사는 공존공영(共存共榮)하는 '겨레'의 길을 찾아가는 것을 의미합니다.

그리고 그것은 석가모니님이 강조하신 자비(慈悲), 공자님이 강조하신 인(仁), 그리고 예수님이 강조하신 사랑(愛)에 기초하는 것입니다. 그들이 표현한 말은 다르지만 뜻은 같은 것입니다.

오늘날 비록 그것이 아득해 보여도 저는 Corea의 남과 북에 살고 있는 민중들은 21세기 안에 드디어는 반드시 "평화적 통일만세"를 외치며 함께 들고 일어나 그것을 성취하고야 말 것이라고 확신합니다.

그리고 Corea 민중들의 이와 같은 평화적 통일 성취는 과학기술의 발달을 배경으로 도처에서 갈등을 겪고 있는 세계인들에게 진정한 삶의 길이 무엇인지를 보여주며, 이 지구촌에 '한겨레'를 형성하기 위한 새로운 인류 문화 창조를 위한 '새로운 또 하나의 동방의 등불'이 될 것이라 생각합니다.

왜냐하면 Corea 민중들은 지난 1,000년의 역사 속에서 세계 3대 문화권의 장단점을 모두 체험하였고, 그러면서 한 번도 이웃 나라를 침략하거나 남을 노예화하는 악행을 저지른 일이 없는 착한 백성들이기 때문입니다.

그 시기는 오직 내일 역사의 주인이 되실 젊은이 여러분의 노력에 달렸습니다.

젊은이 여러분의 분발을 기대합니다.

‘7·27 정전협정 61주년을 맞으며’

2013. 7. 21.

제2부

나의 삶, 겨레의 운명

나의 삶, 겨레의 운명

―아시아태평양 지역 퀘이커대회 모두연설 2005년 11월 6일―

1. 말머리에

제가 저의 삶에 관해서 말하기 전에 먼저 우리들의 의사소통을 정확히 하기 위해서 몇 가지 말(언어)들의 의미에 관해서 말씀드려야 할 부분이 있습니다. 우리말에는 "겨레"라는 말이 있습니다. "겨레"라는 말을 영어로 뭐라 번역해야 좋을지는 잘 모르겠습니다. 그러나 이 "겨레"라는 말은 우리가 우리의 삶을 참되게 이해하는 데 중요한 의미가 있기 때문에 먼저 이에 관해서 약간의 설명을 하고, "나의 삶, 겨레의 운명"이라는 제목의 제 말씀을 시작하려고 합니다.

"겨레"라는 말을 한문자(漢文字)로 설명하자면, 가족(家族) → 씨족(氏族) → 부족(部族) → 민족(民族) → 한겨레(한=하나=크다)에서 공통적으로 보는 족(族=겨레-족)자의 의미입니다. 가족은 "겨레"의 기본 단위입니다.

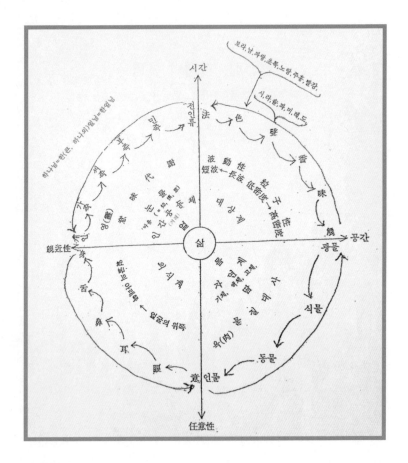

<그림>

　"삶"은 제 몸과 우리 겨레의 얼(마음=말)로 이루어졌으며, 사람(삶)은 나=겨레의 몸과 얼이
엮어가는 비단 같은 것입니다. 즉 사람(나=겨레)은 '대상 세계'에서 몸으로 "땀" 흘려 엮어가는
씨실과 '겨레=인간 공동체' 안에서 얼이 마음(=지(智), 정(情), 의(意))으로 "눈물" 흘리며 엮어가는
날실로 짜지는 비단 같은 것입니다. 따라서 나=우리는 모두 이렇게 보다 충실하게 "삶"의
요청에 합당한 그런 아름다운 비단을 짤 수 있을까를 찾아서(=구도求道) 땀과 눈물을 흘리며,
진지하게 열심히 참된 진리인 "삶의 길"을 살아가야만 한다고 생각합니다.

씨족은 "혈연의 겨레"이고, 부족은 "지연(地緣)의 겨레"이며, 민족은 "혈연, 지연을 토대로 하고, 언어, 풍습 등 문화적 공통성을 가지는 겨레", 운명 공동체입니다.

20세기까지의 지구촌 사람들은 주로 민족이라는 인간 공동체를 중심으로 생활했습니다. 그리고 21세기를 맞은 현재의 지구촌 사람들은 겨레의 마지막 단계인 '한겨레'를 형성해가고 있습니다. '한겨레'라는 말이 Corean에는 있습니다만, 한문자로는 아직 '한겨레'를 의미하는 적당한 단어가 무엇이 있는지 알지 못하겠습니다. '한겨레'란 전 지구적 "전 인류 공동체" 내지는 "모든 사람의 운명 공동체"를 의미합니다.

사람은 "삶"입니다. 그리고 "삶"은 "생명"을 의미하며, 또 "삶"은 개체가 아니라 복수의 개체들이 유기적으로 결합된 "겨레"의 생활을 의미합니다. 개인은 "겨레" 안에서 나고, 또 "겨레" 안에서 살고, 겨레 안에서 영원한 생명을 이어갑니다. "지구촌의 모든 개체적 사람들이 유기적으로 결합된 하나의 운명 공동체"가 "한겨레"를 의미하며 우리는 지금 그것을 만들어 가는 과정에 있다고 생각합니다.

2. 나의 삶: 나의 소년, 청년시절

저는 일본사람들이 "만주사변"이라고 불렀던 전쟁이 나던 1931년에 태어나서, 일본사람들이 "지나사변"이라고 부른 1937년 일본의 중국침략전쟁과 "대동아전쟁"이라 부른 1941년의 제2차 세계대전 중에 초등학교 과정을 통과하며 성장했습니다. 한마디로 저는 전쟁의 화약 냄새 속에서 태어나서, 전쟁의 포탄소리 속에서 성장했던 것입니다.

제가 16세 때에 1945년 8·15를 맞았습니다. 8·15는 저에게 여러 가지 놀라움을 가져다주었습니다. 가난한 농민들은 "만세, 만세"를 외쳐대며 좋아하는데, 일제 때의 지주나 관리, 경찰들은 조용히 숨어 다니고 있었습니다.

그러다 미군이 진주하게 되고 미국의 지지를 받는 이승만 씨가 정부를 수립하자 다시 사태는 역전되었고, 지주나 친일 관료들은 다시 제자리에 돌아오고, 가난한 농민들은 좌익으로 몰려 도망 다니는 처지가 되었습니다.

그런데 저는 당시 정치적 문제에 관해서는 큰 관심을 가질 수 없었습니다. 왜냐하면 저는 당시 어리기도 했지만 치명적인 병으로 알려졌던 폐병을 앓고 있었기 때문입니다.

저에게는 죽음과 삶의 문제를 따지는 종교적, 철학적 문제가 더 심각한 관심사일 수밖에 없었습니다. 중고등학교 시절인 1946~50년 당시 저는 참으로 목마른 구도자였습니다. 아침 10시에는 새문안 교회에 나가서 성경공부도 하고, 목사님의 설교도 열심히 들었습니다.

점심 먹고 오후 2시에는 태고사(지금의 조계사)에 가서 스님의 설법에 열심히 귀를 기울였습니다. 그리고 뒤이어 오후 4시에는 기독교회관 (YMCA)에서 있었던 함석헌 선생의 무교회주의 집회에 나가서 노자, 장자 등에 관한 강의를 들었습니다.

그때의 저는 참으로 "朝聞道 夕死可矣"(아침에 진리의 도를 들으면, 저녁에 죽어도 좋겠다)라고 하신 공자님의 말씀을 이해할 것 같은 심정이었습니다. 저는 학교 공부보다 도서관에 가서 종교, 철학 등의 서적을 탐독했습니다.

그런데 저는 1950년 6월 25일 그날까지도 제 인생철학의 문제를 풀지 못한 채, 전쟁이 터지고 말았습니다. 산다는 것이 무엇인지? 죽는다는 것이 무엇인지? 저는 알 수 없었습니다.

남북 간에 전쟁이 터지자 서울은 일주일도 못 가서 조선민주주의인민공화국 치하로 되었고, 태극기 대신에 낯선 공화국 깃발이 나부끼게 되었습니다. 저는 식량관계로 서울에 머물 수 없어 시골로 갔는데, 가는 길가에는 여기저기 군인들의 처참한 시체가 널려 있었고, 부서진 장갑차가 여기저기 있는 것을 보았습니다.

시골에서는 좌익으로 몰렸던 사람들이 견장을 두르고 활보하고 있었으며, 대한민국의 관리나 지주들은 보이지 않았습니다. 그러다 얼마 있지 않아 7월에 인민군을 돕기 위한 의용군 모집이 시작되었습니다. 많은 제 초등학교 동창생들이 의용군에 입대해서 인민군과 함께 전선으로 갔습니다. 저는 의용군에 입대하지 않고, 집에 있는 것이 부담스러웠습니다.

그러나 저는 제가 왜 의용군에 나가서 소련제 총을 들고 미국제 총을 든 국군과 싸워야 하는지 알 수가 없었습니다. 그래서 저는 산속으로 들어가 숨어버렸습니다. 그러다 1950년 9·28 수복으로 마을에는 다시 국군이 들어왔고, 저는 대한민국 국민이 되었습니다.

그러나 저는 군에 입대해야 할 연령이었기 때문에 관청에 등록을 하고, 총을 들고 국군에 나가야 할 처지에 놓였습니다.

그러나 저는 제가 미국제 총을 들고 국군에 나가서 의용군으로 나가 인민군을 돕고 있는 초등학교 동창생들에게 총질을 해야 한다는 것이 마음에 내키지 않았습니다. 아니 좀 더 솔직히 말한다면 총 들고 전쟁터에 나가서 동포형제들을 죽이려 하다가 자신이 총 맞아 죽는다는 것이 두려웠습니다.

그러던 차에 1950년 10월 저는 제가 다니던 고등학교 자리에 주둔한 미군부대에 취직을 했고, 미군들의 접시 닦는 일을 하게 되었습니다. 그러나 11월 하순이 되자 그 미군부대는 부산으로 이동하게 되었고, 우리 한국인 학생 취업자들은 미군에게 애걸해서 부산까지 피난갈 수 있었습니다.

1951년 10월경 부산에서의 저는 부산 피난지에서 개교한 서울고등학교에 등록을 하고, 다음해 4월에는 부산 피난 중의 서울대학교 사회학과에 입학하게 되었습니다. 저는 지난 몇 달 동안 전쟁의 와중에서 "사람이 산다"는 것은 싫으나 좋으나 보통 "사회"라고 불리는 "겨레 속"에서 이루어지는 것이며, "사람의 삶"은 본질적으로 "겨레와 함께" 즉 '사회적'이라는 사실을 깨닫지 않을 수 없었던 것입니다. 이것이 저는 종교학과나 철학과가 아닌 사회학과를 선택했던 이유였습니다.

제가 원하든 원치 않든 전쟁은 일어났고, 전쟁은 저에게 총 들고 싸움터로 갈 것을 강요하는 것이 바로 저의 인생이라는 사실을 외면할 수 없었기 때문에, 저는 '사회학과'를 선택하여 이 "사회"가 무엇인지를 알아야 하겠다고 생각했던 것입니다.

왜 우리는 일본의 식민지가 되었는지? 왜 우리는 남북으로 분단되고, 좌우로 분열하여 동족상잔의 전쟁을 해야 하는지? 왜 세계는 온통 미소 양대 진영으로 나뉘어 핵전쟁의 위험 앞에서도 싸움질을 하고 있는 것인지?

사람은 사는 게 목적일 텐데, 왜 사람들은 이렇게 서로 죽여야만 되는지? 물론 제가 아무리 목마르게 열심히 찾아다녀도, 그 답이 쉽게 찾아질 수는 없었습니다.

그런 가운데 저에게는 또 하나의 고통스러운 문제가 생겼습니다. 저는 당시 생활을 위해서 또 학비를 벌기 위해서, 밤이면 부산 부두에 있는 미군 철도부대의 통역으로 일하면서 대학에 다니고 있었습니다.

그런데 부산 부두에서 저는 매일 같이 피범벅이 되어 철도편으로 실려 오는 젊은 부상병들과 시체들을 목격해야 했습니다. 그런데도 저는 학교에 가면 이승만 정부의 요구에 따라 학도호국단 간부들의 인솔 하에 "휴전반대 북진통일"을 외치는 거리 데모에 동원되는 처지에 있었기 때문입니다.

저는 "학생 징집보류"라는 특혜를 받아 자기 자신은 군대에 나가지 않고 후방 부산에서 대학에 다니면서, "휴전반대 북진통일"을 외치며 거리 데모를 한다는 것은 도저히 양심이 허락하질 않았습니다.

저는 인민군에 나가기를 피했듯이, 또 국군에 나가기를 피했듯이, 또다시 "휴전반대 북진통일"을 외치는 데모 대열에 참여하기를 피해서 뒷산(대덕산) 나무 그늘로 가서 숨었습니다. 저는 나무 밑에 숨어서 무척 고민을 했습니다.

"너는 뭐냐? 너는 좌도 아니고 우도 아니고, 인민군에 나가기도 피하고, 국군에 나가기도 피하고, 지금은 또 '휴전반대 북진통일'을 외치는 시위에 나가기도 피하고, 너는 도대체 뭘 하자는 것이냐?"

"네가 이렇게 비겁하게 이리 피하고 저리 피하면서 산다는 것이 도대체 무슨 의미가 있냐?", "그런데 또 이 세상 사람들은 지난 3년 동안의 전쟁에서 수백만의 사람들이 죽었는데도, 아직 전쟁을 해서는 안 된다고 말하는 사람이 어째서 하나도 없는 것일까?"

저는 계속 스스로에게 묻고 있었습니다. 자비를 가르치신 석가모니 부처님의 제자라는 스님들도, 사랑을 가르치신 예수님의 제자임을 자처하는 목사님, 신부님들도 왜 이승만 대통령의 "휴전반대 북진통일정책을 반대한다"고 말하는 사람이 하나도 없었는지 알 수가 없었습니다.

아마도 당시의 한국에 지금 이 자리에 계신 퀘이커 여러분들이 계셨더라면 아마도 감옥에 가는 일이 있더라도 "전쟁을 멈추고, 평화적인 방법으로 민족통일을 추구해야 된다"고 저와 함께 항의를 하시는 분이 계셨을 것으로 생각합니다. 그러나 불행히도 1950년대 당시의 이 땅에서는 그런 사람을 한 분도 볼 수가 없었고, 저는 한 사람의 동지도 찾을 수가 없었습니다.

제가 이 세상에 태어난 것은 신이 실수를 해서 잘못 태어나게 하신 것일까? 저는 종류가 다른 딴 세상에 태어나야 했을 사람은 아닐까? 왜 사람들에겐 눈물이 없는 것일까? 그렇게 많은 사람들이 다치고, 죽고 했는데 어째서 아직도 무력에 의한 목적 추구의 방법을 멈추고, 평화적으로 함께 더불어 살아야 한다고 주장하는 사람이 하나도 없는 것일까?

1954년 4월 저는 이런 세상이라면 살려고 애착을 가질 이유가 하나도 없다는 결론을 내렸습니다.

만주사변이라는 전쟁의 화약 냄새를 맡으며 태어난 나, 중일전쟁, 태평양전쟁 속에 소년시절을 지낸 나, 그리고 다시 6·25전쟁이라는 동족상잔의 전쟁을 겪으며 살아온 나에게 사람들은 형제의 죽음 앞에서 눈물을 흘리기보다는 기를 쓰고 서로 죽이기를 강요하는 이런 세상에서 산다는 것은 아무 가치도 없는 것이라고 생각됐습니다.

그래서 저는 죽음을 결심한 다음, 목욕재계하고, 머리 박박 깎고, 하얀 한복으로 갈아입은 다음, "눈물을 찾는다"는 뜻의 '탐루'(探淚)라고 쓴 등불 하나를 들고 부산 광복동 거리로 나갔습니다.

"눈물을 가진 사람은 없는가? 눈물을 가진 사람은 없는가?", "전장에서 피 흘리며 쓰러진 동포형제들을 위해서 눈물을 흘려 줄 사람은 없는가?", "이 겨레의 평화적 통일을 위해서 세계열강의 분할정책을 반대하며, 진정으로 눈물 흘려 줄 사람은 없는가?", "전쟁반대 평화통일 만세"라고 소리치며 길거리를 누비고 다녔습니다.

중학교 역사 시간에 옛날 그리스 어느 철인이 대낮에 등불을 들고 아테네의 거리를 다니며 "사람이 없느냐?"고 외쳐댔다는 이야기를 들은 일이 있어 그것을 흉내 낸 것이지요.

물론 저는 몇 시간도 안 되어 경찰서에 잡혀 갔습니다. 그런데 저를 잡아간 경찰서의 책임자가 저에게 이렇게 말하는 것이었습니다. "당신이 평화통일을 주장하는데, 도대체 어떻게 평화통일을 하자는 말이요?" 그 말을 듣고 보니 사실 저에게 구체적인 평화통일 방안이 있는 것이 아니었습니다.

3. 겨레의 평화통일을 위한 나의 몸부림

그래서 경찰서에서 풀려난 다음 저는 어떻게 하면 우리 민족이 평화적으로 통일될 수 있을까 하는 것을 열심히 연구했습니다. 그리고 1년 뒤 저는 "통일독립청년공동체 수립 안"이라는 평화통일 방안을 만들어 이승만 대통령에게 청원서로 제출했습니다. 우리 헌법에 모든 국민에게는 청원권이 보장되어 있으니까요.

당시 제출했던 "통일독립청년공동체 수립 안"의 요지는 이 땅에는 남과 북에 두 개의 정부가 있어 서로를 무력적 타도의 대상으로 삼고, 청년들에게 총 들고 나가서 자기 동포를 서로 죽일 것을 강요하고 있는데, 남과 북의 어른들은 서로를 용납하지 못해서 따로따로 살더라도,

남과 북의 새 세대 젊은이들에게는 상대방 청년들에 대한 살인을 강요하지 말고, 자신들의 운명을 스스로 결정할 수 있도록 기회를 허용해 달라는 것이었습니다.

사상, 이념, 정치, 경제 제도라는 것들이 모두 사람들이 만든 것이고, 사람들을 위해서 있는 것인데, 그 사상이나 이념 제도 따위가 어떻게 사람의 생명보다 귀할 수 있는 것이냐? 하는 생각이었습니다.

이승만 정부에 의해 저는 국가보안법 위반이라는 죄명으로 구속되어 조사를 받았으나, 그들 경찰관에게도 저는 진심으로 평화통일을 하자는 주장을 하는 것이라고 말하니, 경찰들에게 정신병자 취급을 받고 풀려났습니다. 그 경찰들의 말은 "공산도당과 평화통일을 하자는 것은 정신병자"라는 것입니다.

그래서 저는 제가 이승만 대통령에게 제출했던 똑같은 평화통일 방안을 가지고 북한에 갔습니다. 휴전선의 지뢰망과 철조망, 그리고 감시의 총구를 피해서 북으로 넘어간다는 것은 쉬운 일이 아니었습니다.

그러나 어차피 저의 삶이란 이 겨레가 서로 살상하는 관계를 넘어 평화통일을 이룰 수 없는 한, 의미를 가질 수 없다고 생각한 저에게 죽음이란 별로 두려운 것이 아니었습니다.

그러나 임진강을 넘어 평양에 간 저는 북한 당국으로부터 남한 당국에 의해서 특파된 간첩이라는 혐의를 받고, 남조선 간첩이라는 죄명으로 기소되어 머리카락을 박박 깎이었습니다.

저는 평양 감옥에서 단식투쟁도 하고, 늑막염에 걸리기도 하여 쇠약할 대로 쇠약해져서 6개월 이상 병원에 입원하기도 했습니다. 그리고 1956년 6월에 저는 재판 없이 다시 남한으로 송환 조치되었습니다.

북한 당국은 저를 휴전선 북방한계선에 데려다 놓고 남쪽으로 내려가도 좋다고 했습니다. 그리고 제가 가지고 간 평화통일 방안에 대해서는 그것을 그대로 찬성하는 것은 아니지만, 남한 당국이 원하면 언제든 토의할 용의가 있다고 전달하라고 했습니다.

휴전선을 넘어 남으로 넘어온 저는 미군 및 국군 정보기관들에서 3개월 동안 여러 가지 심문을 받고, 다시 한국 경찰로 넘겨져서 혹독한 고문에 의한 조사를 받았습니다.

저는 검찰에 넘겨져 "북에서 1년간 어떤 간첩 훈련을 받았냐?"며 간첩 및 국가보안법 위반이라는 죄명으로 기소되었습니다. 재판 결과로 간첩 죄는 무죄로 판결되었으나, 국가보안법 위반죄로 1년 징역형을 받았습니다.

남북을 오가면서 제가 얻은 결론은 남이건 북이건 권력 당국에게 필요한 것은 "이 땅의 백성들이 평화롭게 함께 더불어 사는 평화통일 방안" 자체가 아니라, 그들이 어떻게 하면 자신들의 권력을 상대방 지역까지 확대하는가 하는 것에 관심이 있을 뿐이라는 것이었습니다.

저는 남과 북의 집권자들이 입으로는 자유를 말하고 평등을 말하지만, 자본주의 사회에서 돈이 없는 국민들의 자유, 공산주의 사회에서 권력이 없는 인민들의 평등이란, 자기의 부와 권세를 유지 확장하기 위한 감언이설에 불과하다는 생각을 했습니다.

그리고 Corea의 평화통일 문제도 방법을 몰라서 평화통일이 안 되는 것이 아니라, 평화통일이 진정으로 필요한 민중들(당시는 전체 주민의 80% 이상이 농민)에게는 강력한 외국을 업고 돈과 권세를 가진 권력자들의 요구를 뿌리칠 수 있는 힘이 없기 때문에, 정권 당국들의 권력투쟁을 위해서 동포 간의 상쟁에 내몰리고 있는 것이라고 저는 생각하게 되었습니다.

4. 나의 농민운동과 노동운동

1957년 이후 저는 다시 대학에 들어가서 경제학을 전공했고, 농민운동과 노동운동을 위해서 제가 할 수 있는 일을 찾으려 했습니다.

1957년부터 약 10년 동안 저는 <한국농업문제연구회> 회원으로서 또 연구위원으로서 또는 농민 계몽을 위한 <농원>이라는 월간잡지 기자로서 한국의 농업문제와 한국 농민운동의 발전 가능성을 모색하려 애썼습니다. 그러나 저는 실패했습니다.

그 이유는 첫째, 1960년까지의 이승만 정권은 미국이 무상으로 제공하는 잉여농산물을 무제한으로 들여다 한국 시장에 팔아서 국방비에 충당하고 있었습니다. 정부는 대북 군비경쟁에 여념이 없었기 때문에, 농민들은 감히 "반공"을 위해 희생되는 정부의 농업정책에 이의를 제기할 수 없었으며, 그래서 농민들은 말없이 이농하여 도시로 흘러가고 있을 뿐이었기 때문입니다.

그리고 둘째는 1960년 4월에 학생들 봉기로 이승만 정부는 물러갔으나, 1년밖에 안 되어 1961년 5월 군부의 쿠데타로 박정희 정부가 들어섰고, 저는 1963년 4월 군사정부에 의해서 "학원 간첩"이라며, 군법회의에 회부되어 사형을 구형받는 처지가 되었기 때문입니다.

도하 각 신문에는 김낙중이 과거 1955년에 북한에 갔다가 1년간 간첩교육을 받고 남파되었는데, 그것을 숨긴 채 학원에 침투해서 활동했다고 대서특필로 보도되고, "학생들은 학원에 침투한 간첩을 조심하라"는 것이었습니다.

학생들의 반정부운동이 조금 조용해지자 정부 당국은 결국 얼마 후 저에게 제가 친구들에게 "북한에도 무료교육이나 무료 의료제도 같은 좋은 점도 있다고 말해서 북한을 찬양했다"는 죄목으로 반공법을 위반했다며, 3년 6월의 징역형을 주는 것으로 끝내고 말았습니다. 결국 군사정부가 저를 학생 탄압용으로 이용한 것이었습니다.

3년 6월의 징역형을 복역한 뒤, 저는 지금의 부인과 결혼해서 생활인이 되었습니다. 1965년 이래 남한 경제는 급속히 산업화의 길을 걷고 있었으며, 많은 농민들은 이미 농촌을 떠나 도시 노동자화하고 있었습니다. 그래서 역사의 주인으로 되어야 할 백성들은 농민에서 노동자로 변하고 있었기 때문에, 저는 노동문제연구와 노동운동에 종사할 것을 선택한 것입니다.

그래서 저는 고려대학교 노동문제연구소를 직장으로 선택했습니다. 노동자들을 대상으로 노동교육을 하기도 하고, 농민들을 대상으로 하는 협동교육을 하기도 하며, 민중이 자기 운명의 주인이 되도록 하는 교육에 저의 최선을 다했습니다.

그러나 이것도 역시 오래 가지는 못했습니다. 박정희 대통령은 1972년에 장기집권을 위한 유신헌법을 만들었고, 학생들이 유신반대의 투쟁을 시작했는데, 정부당국은 학생들을 공포분위기로 진압하기 위해서 다시 간첩사건이 필요해졌던 것입니다. 사람들은 10년쯤 지나면 신문에 보도됐던 지난 사건을 잊기 마련인 모양입니다.

1973년 노동조합 간부들에 대한 교육을 위해서 제주도에 출장 갔던 저는 중앙정보부로 끌려오는 신세가 되었고, 중앙정보부에서는 고려대학교 강사로 있던 김낙중이 학생들을 모아놓고 유신을 반대하는 내란을 일으켜 현 정부를 타도하고, 사회주의 정부를 세워야 한다고 선동했다고 자백할 것을 고문으로 강요하였습니다.

저를 고문하는 사람들은 "북에 갔다 온 경력도 있는 네가 무엇 때문에 하필이면 빨갱이들이 좋아하는 농민문제, 노동자문제의 언저리를 맴돌며 사느냐"는 것이었습니다. "그러니 노동자와 농민의 힘으로 혁명을 해야 된다고 주장한 공산주의자임이 분명하지 않느냐?"는 것이었습니다.

육신을 가진 저는 약했습니다. 저는 그들이 요구하는 대로 내란을 선동했다고 지장을 찍을 수밖에 없었습니다. 검찰조사에서 그것이 고문에 의한 자백이라고 진실을 말하려고 시도했으나, 저는 다시 남산에 있는 중앙정보부에 끌려가서 죽도록 두드려 맞고 다른 죄수의 등에 업혀서 교도소로 돌아와야 했습니다.

물론 저는 그들에게 검찰이나 법정에 가서도 중앙정보부가 요구하는 말과 다른 말을 안 하겠다고 약속했습니다. 그러나 당국은 제가 10여 명밖에 안 되는 학생들에게 내란을 선동했다는 것이 법정에서 유죄로 인정될 수 없을까 염려했던 모양입니다.

그들은 제가 1970년 독일 '에버트재단'의 초청을 받고 독일의 노동문제 세미나에 참석하려고 여권 신청했던 서류들을 들고 와서, 만약 독일로 가는 여권이 나오면 독일로 가서 동독을 거쳐 북한으로 탈출해서 남한의 정보를 북측에 제공하려 했다는 죄명을 만들어 저를 '간첩예비죄'로 추가 기소하여 무기징역을 구형했습니다.

유신시대에는 그것이 유죄 판결을 받아 저는 '간첩예비죄'로 7년간 꼬박 징역살이를 했습니다. 제가 근무했던 고려대학교 노동문제연구소 소장 이문영 교수는 해직되었습니다. 간첩 김낙중이 그 기관에 있었다는 것을 구실로 했으나, 정경유착된 유신독재 정부는 우리들의 노동교육이 노동조합 간부들의 눈을 뜨게 해서 임금인상의 요인이 되는 것을 원치 않았던 것입니다.

저는 형기를 마치고 1980년에 사회에 나왔으나 광주항쟁을 무력진압하고 집권한 전두환 정권하에서 저는 "정치활동정화법"에 의하여 활동이 제약되고 있었기 때문에 제가 할 수 있는 것은 집에 들어앉아 글이나 쓰는 것이었습니다. 덕분에 저는 『한국노동운동사』, 『사회과학원론』, 『민족통일을 위한 설계』 등의 저서를 쓸 수 있었습니다.

그리고 1980년대 후반 노태우 정권시대에는 민주화운동의 진전 덕분에 저는 통일문제에 대해 여러 곳에서 발언할 수 있는 기회가 생겼고, 드디어 1989년 9월에 저는 국회 통일특별위원회가 주최한 공청회에서 "민족통일촉진회"라는 시민단체의 정책의 의장 자격으로 "3차 7개년계획에 의한 4단계 통일방안"이라는 평화통일 방안을 발표하기에 이르렀습니다.

그러나 이로 인해서 다시 어려운 일이 발생했습니다. 이듬해인 1990년 북한 당국에서 저에게 사람을 보내온 것입니다. 김일성 주석은 과거제가 북한에 갔을 때 고생했던 것을 유감스럽게 생각한다면서, 이번에제가 국회에서 발표한 통일 방안을 "좋은 평화통일 방안"이라고 하면서, 평화통일을 위해서 함께 협조하자는 말씀을 전하기 위해 왔다는 것입니다.

그런데 한국의 실정법상 북한에서 온 사람과는 허가 없이 접촉할수 없으며, 신고하지 않을 경우에는 처벌하는 "국가보안법"이라는 실정법이 있기 때문에, 저는 저를 찾아온 북측 사람을 당국에 신고해서 잡아주어야만 하고, 그렇지 않으면 제가 처벌된다는 것을 잘 알고 있었습니다. 제가 그를 신고하면 북에서 온 그는 분명히 사형이나 무기징역이 선고될 것이 분명했습니다.

제가 실정법을 어기고 저와 저의 가족이 수난을 받게 되느냐? 아니면 제가 당국에 신고해서 북측에서 온 사람을 체포케 하고, 김일성 주석의 평화통일에 대한 호의를 뿌리칠 것이냐? 하는 중대한 기로에 서게 된 것입니다.

저는 3남매의 아버지이며 가장이었고, 남한의 대중매체들에도 자주 나가는 공인이었습니다. 저는 무척 고민했습니다. 그러나 저는 북측 사람들과의 접촉을 신고할 수 없었고, 계속 북측 사람들과 만나서 여러 가지 민족문제들을 토의했습니다. 물론 저의 의견과 북측 당국의 의견 사이에는 많은 차이가 있음을 확인하고, 저의 의견을 설득하기 위해 최선을 다했습니다.

그러나 저는 얼마 가지 않아 1992년 남한 당국에 의해서 체포되었고, 사형을 구형받아 무기징역을 언도받았습니다. 1998년 8월 15일에 김대중 대통령 정부에 의해서 형집행정지로 집에 오기는 했지만, 지금도 저는 여전히 형집행정지 중의 '무기수'이며, 투표권도 없고, 해외여권도 나오지 않는 그런 부자유한 신분의 소유자입니다.

그리고 제가 살아온 이야기를 다 하자면 많은 시간이 필요합니다. 관심이 있으신 분은 제 딸애가 쓴 『탐루』라는 책을 보시면 됩니다.

다만 한 가지만 말씀드리자면, 저는 제가 "평화통일"을 위해 북한에 갔었다는 사실 때문에, 그리고 북한에서 온 사람들을 저와 똑같은 동포 형제로 대했다는 사실 때문에, 수없이 여러 번 참기 어려운 고문에 시달려야 했고 또 죽음 앞에 서야만 했지만, 사람의 생명을 주관하시는 하나님의 뜻 안에서 지금 여기 이렇게 여러분 앞에서 말씀드리고 있다는 사실에 대해서, 그리고 저의 삶을 인도하신 하나님께 무한히 감사하며 살고 있다는 것을 말씀드릴 뿐입니다.

5. 우리 겨레의 운명

이제 겨레의 삶, 겨레의 운명에 관하여 말씀드릴 차례입니다. 현재의 단계에서 저에게 '겨레'란 저 김낙중의 '가족'과 같은 개별 가족들을 단위로 하는 여러 가족들로 구성된 Corea '민족'을 의미합니다. 아마도 저의 아들 또는 손자의 시대가 되면, 그들의 '겨레'는 '전 인류 공동체'를 의미하는 '한겨레'가 되리라고 생각합니다.

Corea 민족은 몇 천 년 오랜 역사를 이 땅에서 주로 밭과 논에 씨 뿌리고 거두는 경작농사를 지으며 평화롭게 살아온 백성입니다. 주변에는 강대국들이 나타나서 수없이 침략전쟁에 시달려야만 했습니다. 그러면서도 스스로 무력적 강국이 되어, 이웃 나라를 침략해서 다른 민족을 노예로 삼으려 한 일은 한 번도 없는 그런 민족입니다.

물론 남한 군대가 강대국 미국의 요구에 못 이겨 월남에 파병된 것과 같은 슬픈 일이 없지는 않았습니다.

그러나 비록 약육강식이 지배하는 문명사 속에서 Corea 사람들은 열심히 이웃 사람들의 문화 풍습을 존중하고 배우면서 평화롭게 살려고 무척 노력하며 살았다고 생각합니다.

기록이 남겨진 지난 5,000년의 인류 문화사를 되돌아보면 지구촌에는 유형적으로 크게 분류해서 3대 문명권이 있었습니다. 첫째는 갠지스 강과 인더스 강 유역에 형성됐던 "인도 문화권", 둘째는 황하와 양쯔 강 유역에서 발달한 "중국 문화권"입니다. 그리고 셋째는 유프라데스 강 나일 강가에서 발원해서 에헤게 바닷가의 그리스와 지중해의 로마로 흘러갔고, 지중해에서 유럽 대륙과 영국을 거쳐, 대서양을 건너 미국으로 뻗어간 "지중해 문화권"(또는 서양 문화권)이 있었습니다.

이 세계 3대 문화권을 상징적으로 표현한다면 인도 문화권은 영구회귀의 둥근 원형으로 표상됩니다. 중국 문화권은 천지, 음양 등을 표시하는 사각형의 문화입니다. 그리고 지중해 문화권은 시간 축과 공간 축이 교차하는 십자가로 상징할 수 있습니다.

그런데 Corean은 이 이웃 사람들의 문화를 열심히 받아들여 "평화롭게 함께 더불어 사는 세상"을 만들려고 이들 문화를 배우려 무척 노력했었습니다. 그 결과로 Corea 땅에서는 지금부터 1,000년 전에 있었던 고려 왕국 시대까지는 주로 "인도 문화"의 정수인 불교를 가지고 살았습니다.

그러다 불교문화에 이러저러한 폐단들이 생기자, 약 600년 전에 성립했던 조선왕국에서는 "중국 문화"의 정수인 유교와 도교 등을 가지고 살았습니다. 그러나 역시 폐단들이 생겼고, 그러다 100년 전부터 "서양 문화"라고 불리는 "지중해 문화"가 밀려오기 시작하자 Corean은 드디어 약육강식의 논리에 따라 바다 건너 일본의 식민지가 되었고, 다시 태평양을 건너온 해양세력 미국과 유라시아 대륙을 넘어온 대륙세력 소련에 의해 분할 점령되었습니다.

우리는 강자인 미·소에 의하여 이 땅의 남과 북에 세워진 두 개의 정권에 의한 동족상잔의 전쟁을 겪으며 살았습니다. 그리고 저는 그 싸움의 틈새에서 나고 자랐습니다.

그러나 서양 문화는 즉 지중해 문화 역시 우리의 삶에서 여러 가지 폐단을 나타내기 시작했고, 저는 그 한계를 보지 않을 수 없었습니다. 저는 우리 민족이 21세기 '한겨레'의 삶을 위하여 새로운 문화를 창조해야만 할 세계사적 사명이 있다고 생각합니다.

저, 김낙중이란 사람이 이 세상에 태어나서 부닥친 문제들이란 결국 Corea 사람들이 살아온 세계 문명사 속의 문제이며, 특히 현대 서양 문명이 갖고 있는 약육강식이 지배하는 사회의 한계를 나타내기 시작한 문제들이라고 생각했습니다.

유신론과 무신론, 유물론과 관념론, 진화론과 창조론, 사적 소유제의 자본주의와 사회적 소유제의 사회주의, 개인주의와 전체주의, 미소 양대 진영의 냉전체제, 핵무기와 테러리즘, 환경오염과 생태계의 파괴 이런 것들이 모두 현대 지중해 문화가 가져온 것들이었습니다.

그리고 저는 지난 60년간의 삶의 체험에서, 우리 Corea 사람들은 지난 수천 년의 역사적 경험에서 지금은 우리가 서구 문화의 한계를 극복해야만 살 수 있는 단계에 있다는 사실을 자각하고, 이를 해결해야만 할 중대한 과제를 안고 있다고 확신합니다.

따라서 저는 Corea의 평화적 남북통일이라는 것은 결코 Corea 사람들 자신만의 문제가 아니고, 지구촌의 모든 사람들이 앞으로 '한겨레'를 창조하기 위해서 무엇을 찾아야만 될 것인가 하는 것을 찾는 우리 모두의 과제라고 생각합니다.

앞으로 통일된 Corea에 세워지는 사회는 앞으로 형성될 '한겨레'의 작은 모델이 될 수밖에 없습니다. 세계에서 군사적으로나 경제적으로 최강의 힘을 가지고 힘으로 문제를 해결하려는 미국 문화는 우리가 추구하는 "한겨레"의 문화가 될 수 없습니다.

앞으로 형성될 '한겨레'의 문화는 기독교, 이슬람교, 브라만교, 불교 등 모든 종류의 종교가 존중되고, 유신론과 무신론이 공존하는 상생의 문화이며, 유물론도 좋고 관념론도 좋은 공존의 문화라고 생각합니다.

그러나 핵무기의 힘이 역사를 지배하는 것도 아니고, 테러리즘의 폭약이 문제를 해결하는 것도 아니라는 것만은 분명하다고 생각합니다. 오직 서로의 처지를 헤아릴 줄 아는(易地思之) '사랑'만이 문제를 해결하는 문화라고 생각합니다.

'한겨레'의 문화는 '생명의 문화', '사랑의 문화', '평화공존의 문화', '상생의 문화'가 될 것입니다. 지구촌의 여러 민족들은 저마다의 빛깔을 가지고, 빛깔과 모습이 다른 서로를 존중하면서, 평화롭게 함께 더불어 조화를 이루며 사는 총천연색의 세상을 만들어야 될 것입니다.

저는 저, 김낙중 개인의 삶이 Corea 민족이라는 민족의 운명과 별개일 수 없었듯이, Corea라는 한 개 민족의 삶도 '한겨레'라는 '전 인류 공동체'의 삶과 별개일 수 없다고 확신합니다.

앞으로 21세기의 이 지구촌에 평화롭고 아름다운 '한겨레'를 건설하기 위하여 여러분들의 적극적인 관심과 협조가 있기를 바라면서 제 말씀을 마칩니다.

감사합니다.

"이 글에 대한 님의 기탄없는 비판의 말씀 부탁합니다. 역사는 우리 모두의 협력으로 이루어지는 '심포니'니까요!"

민족이란 무엇인가?

― 고양시민회에서 2006년 강연

저는 최근 '민족통일중앙협의회' 어느 지역 지부에서 주최하는 '통일학교'에서 강연 청탁을 받았다. 그런데 그분들이 저에게 부탁하는 강연 제목이 "왜 민족통일을 해야 하나?"라는 것이었다. 지금부터 반세기 전, 제가 젊었을 시절에는 전혀 있을 수 없는 강연 제목이었다. 왜냐하면, 민족통일이란 좌와 우를 막론하고, 누구에게나 당연히 해야만 할 모두의 과제요 의무라고 생각되고 있었기 때문이다. 따라서 아마 그 시절에 "왜 민족통일을 해야 하나?"라고 묻는다면 정신병자 취급을 받았을 것이 분명하다.

그러고 보니 최근 언론에서 "민족문학작가회의"라는 단체에서는 "민족"이라는 머리말을 빼자는 주장이 심각하게 논의 되었다는 보도가 있었고, 또 일부 신문들에서는 한미 FTA를 추진하여 세계화를 추진하는 상황 속에 "민족주의"는 폐기되어야 한다는 주장의 사설이 있었음도 생각났다. 그뿐만이 아니다. 먹고살기가 어려운 요즈음의 우리 농촌에는 시집오려는 처녀들이 없기 때문에, 농촌 총각들이 베트남, 타이, 필리핀 등지에서 처녀들을 구해다 결혼을 해야 하고, 또 공장지역에서는 한국 사람들이 힘든 일을 피하려 하기 때문에 외국에서 들어와 일하는 외국인 노동자의 수가 급격히 증가하는 처지에 있다고도 한다. 이렇게 세계화가 진행되는 추세 속에 "민족"이 극복 또는 "폐기"되어야 한다는 말을 하는 사람도 있는 판이니, 오늘 우리의 현실에서는 "왜 민족통일을 해야 하나?"라는 강연이 필요하게 된 것도 무리는 아니겠구나 하는 생각이 들었다.

그래서 저는 복잡한 국제정세와 민족문제를 이야기하기에 앞서, 먼저 조용히 기본적인 "민족" 개념부터 밝혀야 되겠다고 생각했다. 그럼 잠시 "민족"이란 무엇일까? 하는 문제를 함께 생각해 보기로 하자. 사람들은 흔히 민족과 인종 또는 종족을 동일시하는 경향이 많다. 그러나 세계에는 여러 인종이 함께 피를 나누며, 하나의 민족을 이룬 경우가 얼마든지 있다. 우리 민족의 경우에도 결코 단일 종족이라고 말하기는 어렵다. 우리의 몸속에도 한족, 몽고족, 여진족, 왜족 등 여러 계통의 피가 섞여 있는 게 아닌가?

또 사람들은 민족을 동일한 언어, 동일한 문화풍속을 가지고 사는 사람들을 일컫는 것으로 생각하는 경우도 많다. 그러나 같은 언어 풍속을 가지고 생활하는 사람들일지라도 그들의 인간관계가 노예와 노예주의 관계와 같은 것일 경우, 과연 그들이 하나의 "민족"이라 할 수 있을까? 아니다. 예를 들면 아프리카의 흑인들이 백인들의 노예로 잡혀가서 같은 영어를 사용하며 미국식 생활을 하고 있을 경우, 그들을 모두 "아메리카 민족"이라 말할 수 있는 것은 아니지 않는가?

"민족"이란 우리말로는 "겨레"라고 한다. 그렇다면 또 '겨레'는 무엇인가? "겨레"는 한문으로 쓰면 "族"이다. 족(族)은 겨레 족자이다. 그리고 이 족(族)자가 붙은 단어로 가족(家族), 씨족(氏族), 부족(部族), 민족(民族)이란 말들이 있다. 그런데 '겨레'는 국어사전에 보면 "같은 조상에서 난 자손들"이라고 설명해 놓았다. 그러나 이는 전혀 잘못된 비과학적 설명이다. 왜냐하면 "겨레"의 최소 단위인 가족을 보면 남편과 부인은 결코 "같은 조상에서 난 자손들"이라 할 수 없다. 그리고 부족(部族)의 경우도 "같은 조상에서 난 자손들"은 아니다.

가족은 한 남자와 여자가 서로 사랑하여 하나의 운명 공동체로 결합되어 아들 딸 낳고 삶을 영위하는 최소한의 삶의 기초단위이다. 가족이라는 최소한의 운명 공동체가 없이 "사람"은 이 세상에 태어나지도 않고, 성장하여 사람으로 자랄 수도 없다. 그러기에 가족이라는 최소한의 "겨레"는 삶의 기본조건이라고 할 수도 있다.

그 다음 씨족은 한 가족의 형제와 그 자손들이 같은 부모에서 난 혈연관계가 있음을 의식하면서 만들어지는 혈연적 운명 공동체이다. 그러나 그 씨족 안에는 다른 씨족에서 시집온 여자 구성원들이 있다는 것을 간과해서는 안 된다. 가족이 씨족이라는 보다 큰 운명 공동체로 확대되는 가장 중요한 이유는 사람이란 다른 동물들에 비해서 양육기간이 매우 길고, 그래서 한 부모의 자손들은 오랜 동안 같은 부모의 돌봄을 받으면서 생사고락을 함께 하며 성장하기 때문이다. 그래서 그들은 성장 후에도 긴밀한 유대관계를 유지하며 생활하는 혈연에 의한 운명 공동체적 관계를 이루는 씨족이 되는 것이다.

그리고 이런 씨족들이 일정한 지역에 정착하여 농경생활을 하게 되면, 서로 다른 씨족들 사이에 혼인관계가 성립하고 생활상의 필요에서 상부

상조하기도 하며, 외적에 대한 공동방어를 위해 협력하기도 하는 새로운 운명 공동체가 형성되는데, 이것이 지연에 의하여 이루어지는 부족이다. 여기서 부(部)자는 나눌 부, 마을 부, 하는 부락(部落)이란 뜻이며, 부족이란 지연을 토대로 하는 운명 공동체를 의미하는 말이다.

그리고 이런 몇 개의 부족들이 서로 생활영역을 놓고 다투는 과정에서 부족국가, 부족연맹국가, 정복국가 또는 왕조국가를 이루고 사는 역사과정이 진행된다. 그리하여 혈연적인 씨족이나, 지연적인 부족의 범위를 넘어, 왕조국가 안에서 백성 즉 민인(民人)들이 정치·경제·문화의 공통성을 기초로 서로 피를 섞으며 함께 더불어 사는 새로운 운명 공동체를 이루게 되는데, 이것이 바로 "민족"을 이루는 기초인 것이다. 따라서 민족은 혈연, 지연 등의 인연을 넘어, 정치, 경제, 문화를 함께하는 보다 광범한 운명 공동체이다. 이렇게 볼 때 엄격한 신분계급제도가 지배하고, 상이한 계급 간의 통혼이 안 된 시대에는 씨족이나 부족은 있었지만 아직 근대적 "민족"은 없었다고 보아야 한다. 예를 들면 신라의 엄격한 골품제하에서 성골이나 진골과 천민은 하나의 운명 공동체적 관계에 있지는 않았다. 그러기에 장차 하나의 민족이 될 민족체(Narodnost)로는 존재했지만, 그 구성원들이 운명 공동체적 관계를 가지는 같은 민족이라고는 아직 말할 수 없었다. 그렇게 볼 때 민족이란 "한 집단의 사람들이 혈연, 지연의 벽을 넘어 서로 피를 섞으며, 정치·경제·문화(언어)의 공통성을 가지고 함께 더불어 사는 운명 공동체의 관계를 가진 사람들의 무리"라고 정의할 수 있을 것이다.

그리고 장차 이들 민족이 다시 접촉교류를 통해서 민족과 국가라는 경계를 넘어, 전 지구촌의 차원에서 새로운 운명 공동체를 형성할 때, 우리는 세계사 속에서 앞으로 "한겨레"의 형성을 보게 될 것으로 전망할 수 있을 것이다. 따라서 그 어떤 고정 불변하는 것이 아니고, 우리 인간들의 삶의 조건인 "겨레"가 역사 속에서 가족 → 씨족 → 부족 → 민족 → 한겨레로 발전하는 긴 과정에서 형성되는 운명 공동체의 한 모습이라고 말할 수 있다.

이렇게 볼 때 우리 민족은 아직도 근대적인 통일 민족국가를 수립하지도 못한 처지에서 민족을 극복대상인 것처럼 말하는 것은 시기상조이다. 왜냐하면 장차 형성될 전 인류 공동체인 "한겨레"란 각 민족이 저마다의 빛깔, 저마다의 음색을 가지고 참여해서 이루어질 총천연색의 교향악인데, 우리 민족은 우리들의 빛깔, 우리들의 음색 즉 우리 자신의 정체성을 제대로 확립하지 못하고 있는 실정이기 때문이다. 따라서 우리는 서둘러 민족통일을 이룩하고 남과 북에 있는 동포들이 힘을 모아 민족의 정체성을 분명하게 갈고 닦아 새 세계사 창조에 참여해야만 하는 것임을 깨달아야 할 것이다.

8 · 15는 "민족해방의 날"이 아니다

— 2005. 8. 10

　해마다 8월이 오면 우리는 8 · 15 기념행사를 한다. 국경일로 정해서 하루를 쉬며 기념행사를 하기도 하고 "경축 8 · 15"라는 대형현수막을 내걸기도 한다. 과연 무엇을 경축하고, 기념하고 있는 것일까? 선배들이 했으니 우리들도 하고, 작년에도 했으니 올해에도 하는 단순한 관례행사로 하는 것은 아닐까?

　8 · 15를 우리는 지금까지 흔히 "8 · 15해방"이라고 불렀고, 역사학자들조차 1945년 8 · 15 이후의 역사를 "해방 3년사", "해방 30년사" 하며 8 · 15가 마치 "해방의 날"인 것처럼 불러왔다. 그러나 이제 우리는 1945년 8 · 15에서 61년의 세월이 흘렀고, 이제 다시 62년째의 날을 맞으니 한번쯤 멈춰 서서 숨을 고르고, 냉정한 이성을 가지고 1945년 8 · 15의 의미를 다시 한 번 생각해 보아야 할 때가 되었다.

1945년 8월 15일 일본 천황이 미·영·중·소 등 연합국에 대하여 "무조건 항복을 선포한다"는 방송을 듣고 우리의 선배들이 흥분해서 그날을 곧 "민족해방의 날"이라고 생각했던 것은 어느 면에서 당연했다. 왜냐하면 제2차 세계대전 과정에서 미·영·중 연합국 수뇌들은 1943년 12월 1일 카이로에 모여 "조선인민들의 노예상태에 유의하여 적당한 시기에 조선을 자유 독립케 할 것을 결정한다"는 "카이로선언"을 발표했고, 또 이들 3개국 수뇌들이 1945년 7월 20일에는 다시 "포츠담선언"을 발표하여 "카이로선언의 조항들은 이행될 것임을 재확인"했으며, 소련도 1945년 8월 8일 대일본 선전포고를 통해서 "소비에트 정부는 연합국에 대하여 자국의 임무에 따라 연합국의 제안을 수락하고 1945년 7월 20일의 연합국 선언에 참가하였다"고 카이로, 포츠담선언에 대한 동참 의사를 분명히 표시했기 때문이다.

즉 우리의 선배들이 순진하게 믿었던 것처럼, 1945년 8·15 이후 연합국들 특히 미국과 소련이 이와 같은 국제적 약속들을 충실히 이행하기만 했다면, 일본이 패전으로 식민지 지배를 끝내고 물러간 조선에는 독립국가를 수립할 수 있을 것으로 믿었으며, 따라서 일본제국이 항복을 선언한 8·15가 우리 민족에게는 "해방의 날"이 될 수 있을 것으로 기대했었기 때문이다.

그러나 일본제국으로부터의 해방이 "조선의 독립"으로 연결될 것을 기대했던 우리 선배들의 믿음은 배신당하고 말았다. 일본군의 무장해제를 명분으로 38선의 남과 북을 분할 진주한 미군과 소련군은 "노예상태의 조선인민"에게 민족적 독립국가 건설 대신에, 각기 자국의 국익에 맞는 두 개의 분단국가를 수립하고, 저마다의 무기를 뒤대주며, 세계적 패권 추구의 방편으로 삼고 말았기 때문이다. 그래서 우리 민족은 처참한 동족상잔의 전쟁을 치렀고, 지금까지도 적대적 분단 상태는 계속되고 있다. 지난 세월을 되돌아보면, 1945년의 8·15는 결코 "민족해방의 날"이 아니라, 그날은 분명히 미·소에 의한 "민족분단의 날"이 되고 만 것이 아닌가?

그러나 저마다의 입장에 따라서는 비록 아직도 분단 상태에 있기는 하지만, 1945년의 8·15가 1948년의 국가 수립 즉 대한민국 수립 또는 조선민주주의인민공화국 수립의 기초가 되었기 때문에 여전히 "해방의 날"이라 해도 무방하다고 고집할 사람도 있을 것이다. 그렇다, 1945년의 8·15는 분명히 일본이 패전으로 조선에서 물러가게 된 날이고, 일본이 물러갔기 때문에 1948년 8월의 대한민국, 그리고 1948년 9월의 조선민주주의인민공화국을 수립할 수 있게 된 뜻 깊은 날임은 틀림없다.

그러나 대한민국 또는 조선민주주의인민공화국이 분단국가임을 부인할 수는 없을 것이며, 또 이런 분단국가의 수립이 일제하에서 조선의 독립을 위해서 투쟁한 항일운동 선열들의 뜻을 이룬 민족의 독립일 수는 없다. 목숨을 바쳐가며 투쟁한 항일운동 선열들이 추구한 것은 결코 이런 상태의 실현이 아니고, 우리 Corea 민족이 통일 민족국가를 수립하는 것이었기 때문이다.

수천 년 동안 하나의 민족을 이루고 살아온 Corea 민족이 하나의 민족국가를 이루지 못한 채, 두 개의 분단국가를 세우고 반세기가 넘도록 골육상잔을 지속하면서 강대한 외세의 눈치나 보고 있어야 하는 이 모습이 어떻게 민족의 독립국가라고 말할 수 있겠는가? 더구나 "민족"이라는 것은 긴 세월 속에서 역사적으로 형성된 하나의 운명 공동체가 아닌가?

그런데 민족이라는 것을 "역사적으로 형성된 하나의 운명 공동체"로 보는 이상, 자기 입장이 대한민국 편이든, 조선민주주의인민공화국 편이든, 1948년의 분단국가 수립을 두고 "민족국가"의 수립이라고는 말할수 없으며, 그래서 8·15를 "해방의 날"이라고 부르는 것이 정당화될수는 없다. 왜냐하면 제 몸의 반쪽을 제 맘대로 움직일 수 없는 처지인사람이, 나머지 반쪽만은 자기 마음대로 쓸 수 있다고 해서 자기는 해방된 자유인이며, 독립된 사람이라고 주장할 수는 없는 노릇이기 때문이다. 비록 제 몸의 반쪽이 자유와 자주를 말할 수 있더라도, 나머지 반쪽이부자유한 몸이면, 어찌 나를 해방된 몸, 자유의 몸이라고 말할 수 있을것인가?

지난 반세기 동안 남과 북의 두 개 정권은 때로는 무력으로, 또 때로는기타 모든 방법으로 상대방의 존재를 말살해 없애버리려고 애써 오지않았는가? 우리는 지금 냉철하게 어제의 자신들을 되돌아보아야 한다. 겉으로는 '평화적 통일'을 내세웠고, 1972년에는 남북 최고위급 국가원수의 뜻을 받들고 만난 밀사들이 "민족적 대단결"을 주장하며 "7·4남북공동성명"을 발표했고, 또 1991년에는 남북의 국무총리들이 "남과 북은서로 상대방의 체제를 인정하고 존중한다"며 "남북 사이의 화해와 불가침 및 교류협력에 관한 합의서"(남북기본합의서)에 조인하고, 1992년에남북 국가원수가 비준한 그 비준서를 교환하기도 했다. 그리고 또 2000년에는 남과 북의 국가원수들이 직접 만나서 "나라의 통일문제를 그주인인 우리 민족끼리 힘을 합쳐 자주적으로 해결해 나가기로 하였다"며 "6·15남북공동선언"을 발표하기도 했지만, 그 어느 하나도 제대로이행 실천되지 못하고, 계속 적대적 군비경쟁 상태를 유지하며 민족통일에서는 멀리 떨어져 있는 까닭은 무엇일까?

그것이 남북 간의 상호불신 때문이든, 그것이 소위 국제정세라는 외세의 압력 때문이든, 남이든 북이든 진정 자신들이 자주적 민족국가임을 자부하며, 8·15를 "민족해방의 날"이라고 말할 수 있으려면, 이런 사태는 능동적으로 극복할 수 있어야만 했던 것이다. 왜냐하면 외세에서 해방된 어떤 민족의 지도자들도 자기 민족 내부의 국민적 통합을 이루어 내지 못한 채, 독립된 "민족국가"를 건설한 예는 인류 역사에 없었던 일이기 때문이다.

비록 약육강식의 논리가 지배하는 인류 역사의 과정에서 불행하게 어느 나라의 식민지가 되었던 민족이라도 민족적 통일단결이 있는 경우에는 능히 강대한 외세를 물리치고 통일 독립된 민족국가를 이룩했다. 그렇지만 아무리 강대했던 국가라도 국민들이 분열 상쟁하면 반드시 새로운 외세가 틈새를 비집고 들어와서 그 국가를 망하게 하고, 그 민족을 종속화했던 것이다.

그렇게 볼 때 1945년의 8·15가 "해방의 날"이 되지 못하고 "민족분단의 날"이 된 것을 미·소 등 강대 외세의 책임이라고만 생각하는 것은 극히 위험한 일이다. 분명 38선을 획정한 것은 미국이고, 그것을 수용한 것은 소련이었지만, 8·15 직후의 정국에서 우리 민족은 국민통합을 이루지 못하고 스스로 친소좌익과 친미우익으로 분열하여 권력투쟁을 전개했다. 그리고 그 결과로 우리는 동족상잔의 전쟁과 반세기가 넘는 분단 대립을 극복하지 못했다.

이 점은 지난날 독일에 의하여 강제로 병합되었던 오스트리아가 제2차 세계대전 직후에 연합국에 의하여 분단 점령되는 처지에 있었다는 점에서 우리와 같은 처지였지만, 우리 민족과는 달리 미·소 냉전과정임에도 불구하고, 그들은 분단 10년 만인 1955년에 중립국으로 통일독립을 쟁취한 사실에서 많은 교훈을 찾을 수 있어야만 할 것이다.

21세기를 벌써 7년이나 지나고 있는 지금, 우리 민족은 중대한 민족적 대오각성을 요청받고 있다. 북핵문제를 계기로 미국 부시 대통령이 한반도 평화협정을 체결할 용의가 있다고 했지만, 과연 얼마나 미국을 믿어도 좋은 것일까? 지난날 우리 선배들이 민족의 해방과 독립이 강대국들의 "카이로, 포츠담선언"과 같은 선심 덕으로 이루어질 것으로 생각하며, 1945년 8·15를 "해방의 날"이라고 믿고 좋아했던 순진성에서 교훈을 얻고, 우리는 이제 꿈을 깨야만 되는 것이 아니겠는가? 인류 역사에는 어떤 국가도 자국의 이익을 최우선으로 하는 것이지, 약소민족, 피억압 민족의 해방을 위해 자기들의 이익을 희생하여 자선을 베푸는 "자선국가"는 없다는 것을 분명히 인식해야만 한다. 오랜 역사 속에서 잘못 길들여진 우리는 지난날 가졌던 외세 의존적 심리를 철저히 회개 반성하고, 스스로 자신들의 사적 또는 정파적 이익을 초월하고, 우리 민족 내부의 지역적 계층적 차이를 넘어, 민족 통합의 길을 열심히 찾아야만 한다.

그러자면, 우리는 우선 8·15를 해방이라고 호칭하는 일부터 고쳐야 한다. 1945년 8·15는 "해방의 날"이 아니라, 분명히 미·소에 의한 "남북분단의 날"이고, 또 친미 우익과 친소 좌익에 의한 "민족분열의 날"이었기 때문이다. 우리는 이제 8·15를 "분단의 날", "분열의 날"로 재인식하는 데서 출발해야만, 우리 민족이 참으로 통일 독립된 민족국가를 이룩하는 평화통일의 길을 열어 갈 수 있을 것임을 확신한다.

고려 민족분열의 경제적 기초와 통합의 방향[1]

1. 머리말

우리 민족은 수백 년 동안 왕조국가를 가지고 생활하다가 근대적 국민국가(Nation State)를 세우기도 전에, 20세기 초반에 일제의 식민지가 되었고, 20세기 후반에는 다시 국토가 남북으로 분단되고, 민족 구성원들은 좌우로 분열하여 서로 상쟁하며 반세기를 지내왔습니다. 그리고 지금 우리 민족은 이 분단과 상쟁을 하루 속히 극복하고 평화롭게 통일 민족국가를 수립해야만 하는 중대한 역사적 과제 앞에 있습니다.

우리가 민족분단을 극복하고 통일 민족국가를 수립하자면 분단의 원인을 정확하게 진단하고 정확한 처방과 치유의 길을 찾아야만 한다고

· ·
1. 이 글은 2006년 향린교회 '평화소모임'에서 발표한 글입니다.

생각합니다. 그런데 그동안 우리 학계는 민족분단의 외적 요인에 대해서는 상당히 많은 연구 업적을 쌓았다고 생각됩니다. 그러나 분단의 내적 요인에 대해서는 연구가 비교적 소홀했던 것이 아닌가? 하는 생각을 하게 합니다.

제가 "민족분열의 경제적 기초"라는 연구를 하게 된 데는 다음과 같은 두 가지 동기가 있었습니다.

첫째, 제2차 세계대전 후 외세에 의해서 분단된 국가는 오스트리아, 독일, 베트남, 예멘 등 여러 나라가 있었습니다. 그러나 이들 나라는 그동안 모두 통일 독립국가를 이루었습니다. 그런데 유독 Corea만은 아직도 분단 상태에 있는 까닭이 과연 무엇일까?

둘째, 1950년 6·25전쟁 기간에는 같은 언어와 문화를 가지고 수천 년 이 땅에서 함께 살아온 평화 애호적이라는 이 민족이 어째서 군인도 아닌 민간인들끼리 좌우로 갈리어 그토록 잔인하게 많은 사람들이 서로 죽이는 동족상잔을 감행했을까? 이것을 모두 외부적 요인에 의해서 강요된 것이라 할 수 있을까? 과연 민족구성원 내부에는 분단의 원인이 없는 것일까? 민족구성원 내부에 민족분열의 원인이 있었다면, 그 가장 중요한 원인은 무엇일까? 하는 것입니다.

저는 우리의 "민족분단" 문제란, 왕조국가였던 조선왕국의 국토가 미소에 의한 분할점령으로 남북으로 분단되었다는 "국토분단"이라는 외부적 요인과 아울러, 민족 구성원들이 좌우로 분열하였다는 "민족분열"이라는 내부적 요인, 이 두 개 측면을 가진 것이라고 보았습니다. 그래서 이 글은 Corea의 분단문제를 민족 구성원들의 좌우분열이라는 내부적 요인에서 보고, 또 이 내부적 요인 중에도 그들의 경제적 기초가 분열의 중요한 원인이 있었다는 관점에서 접근해 본 것입니다.

20세기 들어 우리 민족 구성원들의 정치사상적 분열이나 이념적 분열의 밑바닥에는 경제생활상의 분열이 가장 중요한 요인이었다고 생각하기 때문입니다. 언제부터, 왜 경제적 기초가 분열되기 시작되어, 어떻게 진행되었으며, 장차 민족통일을 위해서는 경제적 기초의 분열을 어떻게 극복해서 통합을 성취할 수 있을 것이냐? 하는 것을 살펴보려는 것입니다.

2. 왕조국가시대 고려 민족분열의 단서

　고려왕국 이래의 조선왕국에서 토지의 사유화가 진행된 상황에 관해서는 다른 논문들을 읽어주시기 바라고 생략하겠습니다.

　다만 몇 가지 꼭 말씀드려야 할 것은 근대적 토지 소유권이 성립하기 이전 고려왕국이나 조선왕국에서는 천하막비왕토(天下莫非王土), 공사전(公私田) 균시(均是) 국토(國土)라는 의식이 지배하고 있었다는 사실입니다. 즉 본래 모든 토지는 그 누구의 땅이 아니라, 모든 겨레 즉 씨족원들과 부족원들 모두의 삶의 터전이라는 공동체적 의식이 지배적이었다는 말씀입니다.

　그래서 토지에 대한 지배권은 민(民)들의 경작권이 우선이고, 민은 땅을 경작해서 농사를 짓고 임금님께 세(稅)만 바치면 되는 것이었습니다. 그리고 임금님은 백성에게 세를 받아서 관리들에게 녹봉(祿俸)을 주어야 하는 데 이 녹봉 대신 농민에게 받을 세를 관리에게 대신 받게한 것이 수조지(收租地)였습니다. 따라서 농사를 짓는 백성들은 조(租) 아니면 세(稅) 두 가지 중에 한 가지만 내면 땅은 제 땅과 다름없었습니다.

따라서 토지 매매는 대체로 수조권(收租權)이 없는 자경(自耕) 수세지(收稅地)의 경작권 매매, 수조권이 있는 땅의 경작권 매매, 그리고 수조권 자체의 매매 등 세 가지 형태로 분화되어 있어서 근대적 사유지의 토지 매매와는 상이한 것이었다는 사실을 유의할 필요가 있는 것입니다.

고려민족의 구성원들은 과거 씨족 공동체 시절이나 부족 공동체 시대는 물론이고, 왕조국가하의 겨레(民人共同體)에 있어서도 처음에는 그 누구의 소유도 아닌 왕국 영토 안의 땅에서 저마다 능력에 따라 일하고 왕국의 관인(官人)이 요구하는 조나 세를 내고 나머지를 가지고 생활하고 있었습니다. 따라서 모든 민인대중의 처지는 왕족, 귀족 등 관인에 대해서 대립적인 관계가 있을 수 있었으나, 민인들 상호 간에는 분열 대립의 요소가 별로 없었습니다.

그러나 당시의 농경사회에서 가장 중요한 생산수단인 토지에 대한 사적 소유가 발생하면서 민인 공동체 구성원들 사이에는 부의 소유에 의한 계급분열의 실마리가 생기게 되었습니다.

한 사회의 농업생산력이 발달하면 한 농민의 경작 가능 면적은 확대됩니다. 그런데 경지는 유한하고 개간 조건은 불리해지는 데 반해 인구는 증가하니까 1인당 실제 경작면적은 줄어들어 경작할 땅이 부족한 농민의 수가 늘어납니다. 공전(公田)이든 사전(私田)이든 경작할 땅이 많이 남아 있다면 토지의 사유전화(私有田化)[2]는 진행되기 어렵습니다. 그렇지만

2. "광해군 3년(A.D. 1611)의 호조판서 황신(黃愼)의 상계(上啓)에 의하면 전쟁 전 170만 8,000여 결(結)이 전적(田籍)에 등록되었다고 했는데, 인조 12년(A.D. 1634)의 실기(實記)에는 전적결수(田籍結數) 89만 5,489 결 중 경작되고 있는 기전(起田)은 54만 860 결로 감소한 것을 볼 수 있다." 조기준, 『한국경제』, 일신사, 1965, pp. 193~194. 그런데 이와 같이 전적에서 빠진 토지나 휴경지를 불법으로 사유지화

경작할 땅이 부족해지면 땅이 없는 사람은 남의 땅을 빌어서라도 농사를 지어야만 살 수 있게 됩니다.

토지 사유전화의 경향은 고려 말 호족들에 의한 농장의 확대로 나타나기 시작했습니다.[3] 호족들이 땅을 무리하게 독점하고 가노(家奴)를 시켜 경작하거나 땅이 없는 농민에게 차경(借耕)을 시켜 수확물의 절반을 거두어 갔습니다.[4]

그러나 이성계가 공사전적(公私田籍)을 불사르고 과전법(科田法)을 시행하면서 세를 공정(公定)하고 병작반수(竝作半收)를 금한 것이나[5], 세종대왕이 공사전이 모두 국전(國田)이라[6]고 공언한 것 등을 미루어 보면 조선왕조 초기에는 아직도 토지 사유가 확고한 공인을 받고 있지 못함을 알 수 있습니다.[7]

본래 모든 토지는 그 누구의 땅이 아니라, 모든 겨레 즉 씨족원들과 부족원들의 삶의 터전이라는 공동체적 의식이 천하막비왕토, 공사전

• •
　　　　하거나 개간권을 이용하여 사유지를 확장했다.
3. 강진철, 「고려시대의 농업경영형태」, 『한국사연구』 12, 1976.
　　이재창, 「여대사원령(麗代寺院領) 확대의 연구」, 『전교학보(傳敎學報)』 2, 동국대, 1964.
　　박경자, 「고려조의 사원전고찰」, 『숙대사론(淑大史論)』 4, 1969.
　　천관우, 「한국토지제도사」 下, 『한국문화사대계』 11, 고대민족문화연구소, 1970, pp. 1478~1485.
4. 조선경국대전은 고려시대 토지소유의 변화를 잘 설명해 주고 있다.
5. 이재룡, 「과전법과 농민」, 『한국사연구입문』 제2권, 지식산업사, 1987, p. 265.
6. 「공전 사전 균시국전 손실험답 부당유이」, 세종실록 권4, 세종원년 7월, 신유조.
7. 전지(田地)의 매매나 상속이 공인되었다고 그것이 곧 토지사유의 공인이라고 말하는 견해는 잘못이다. 매매나 상속은 수조권이나 경작권만으로도 가능하기 때문이다. 천관우, 「토지제도사」 下, 앞의 책, p. 1433.

균시 국토라는 의식으로 연결되었던 것입니다. 더구나 왕조국가 하에서 토지에 대한 지배권은 이중적인 것으로서, 전주(田主)라고 불리는 수조권자라 할지라도 경작자의 경작권을 침범하면 처벌의 대상이 되었습니다.[8] 따라서 조선 초 대부분의 전주란 경작권을 임의로 변동할 수 없는 단순한 수조권자로서 소유권을 가진 지주와는 같은 것이 아니었습니다.

그러나 그 후 경작지 부족의 문제는 점차로 심각해지고 경작할 땅이 없는 민인의 수는 더욱 많아지니, 무전민(無田民)이 살아가기 위해서는 차경(借耕)을 하거나 농장의 노비로 전락하는 길밖에 없었습니다.

여기서 혈연적 신분계급이 해체되고 민인 공동체가 형성 확장되고 있던 왕조국가 내에서 혈연적 신분계급과는 다른 또 하나의 계급적 분열의 싹이 자라는 것을 발견할 수 있습니다. 신분이 같은 민족구성원들 중에서 어떤 사람들은 당시의 가장 중요한 생산수단인 토지를 배타적으로 독점하고, 그것을 같은 민족 안에 있는 무전민(無田民)에게 차경하도록 하여 수확물의 절반을 납부할 것을 요구하는 경제적 착취관계가 성립한 것입니다.

조선왕국 초기에 경작민들은 공전에서는 세, 사전에서는 조를 부담하여 관인에 의한 수탈의 대상이 되기는 하였지만, 어디든지 노는 땅이 있으면 그것을 경작할 수 있는 권리가 보호되었습니다. 그래서 어떤 사람이 많은 땅을 점유하고 묵히고 있으면서도 다른 사람이 경작하지 못하게 하면 형벌을 받고, 그 땅을 땅이 없거나 땅이 적은 사람에게

••
8. 고려 말에서 조선 초경에 수조권자가 경작권을 침해하는 사례가 많아져서 과전법에는 경작권 침해자에 대한 처벌규정을 두고 있다. 「田主 奪佃客所耕田 一負至五負 笞二十 每五負 加一等罪 至杖八十 職牒不收 一結以上 其丁許人遞受」, 高麗史 食貨志 ― 田制 祿科田.

경작하도록 나누어주어야만 했습니다.[9]

그 후, 무전민이 늘어나고 차경이 상습화되면서 수조권에 의한 수납과, 차경으로 인한 수납은 구별하기 어렵게 되었습니다. 따라서 조선왕국 건국 초에 공사전(公私田)에 대한 수조율(收租率)을 10분의 1로 공정했던 것이 허구화되었으며, 공유전(公有田)과 사유전(私有田)을 막론하고 병작반수(竝作半收)하는 관행이 점차 일반화되었습니다.[10] 그리고 수조권자와 토지사유자는 전주(田主) 또는 기주(起主)로 불리고, 그 경작자는 전호(佃戸) 또는 시작(時作) 등으로 불렸습니다.

그러나 수조권자와 토지사유자는 엄연히 그 성격이 다른 것입니다. 수조권자란 왕권을 근거로 국가에서 수령할 녹봉을 수조지에서 대신 받는 제도로 원칙상 관직을 떠나면 수조지는 국왕에게 반납하는 것이었습니다. 그러나 행정이 문란해져서 수조지의 반납이 이루어지지 않고, 자기 자손에게 사적으로 상속되는 폐단이 생기게 된 것입니다. 이에 반해, 토지사유자는 경작권을 포함한 배타적 토지독점자입니다. 그리고 조선왕조 500년의 역사는 신분 계급적 지배층이 점차 해소되면서 새로운 토지소유자 계급이 형성되는 과정이었습니다.

따라서 형성 발전과정에 있던 고려민인 공동체의 구성원들은 주로 토지의 사유자가 되어 생산수단을 배타적으로 독점한 사람들과 생산수단에서 소외되어 살기 위해서는 수탈을 감내하며 남의 땅을 소작해야 하는 사람들로 갈라지게 되었습니다.

9. 「其多占土田 互相陳荒 禁他人耕作者 十負笞一 十……許於 無田 及 田少者 給耕」, 太祖實錄, 三年四月庚辰.
10. 천관우, 「토지제도사」 下, p. 1437.

그러나 조선왕조 말기까지만 하더라도 근대적 토지사유는 확립되지 않았으며, 병작반수하는 사전 또는 사유전에 있어서도 대부분 농민들의 경작권은 여전히 보존되고 있었습니다. 이 점은 조선 말엽의 조선 소작 제도를 보면 소작지에 대한 소작기간은 비교적 안정적이었으며,[11] 소작인 간에는 토지에 대한 경작권이 매매되기도 했다는 점으로 알 수 있습니다. 후일 일제 식민지하에서 영년소작(永年小作)으로 인정받는 원도지(原賭地), 중도지(中賭地), 도지(賭地) 등 여러 가지 이름으로 불린 도지권(賭地權)으로서 매매의 대상이 된 토지 지배권의 한 형태였음을 말해 줍니다.[12]

즉 조선왕국 말기 토지소유권은 대체로 수조권에 대한 매매, 경작권에 대한 매매 그리고 수조권이 없는 자경지(自耕地)에 대한 매매 등 세 가지 형태로 분화되어 있어서 근대적 토지 소유권과는 상이한 것이었습니다.

이와 같이 당시 가장 중요한 생산수단인 토지에 대한 사적 소유권이 형성되는 데 따라 고려민족 구성원들은 생산수단의 소유 여부로 인해 새로운 계급관계가 성립했습니다. 즉 오랜 왕조국가시대를 통해 형성 발전해온 고려민인 공동체 즉 고려민족은 혈연적 신분계급이 타파되고, 새로운 근대적인 민족을 만들고 있었다는 그 외형에도 불구하고, 그 안에 대립적인 새로운 계급관계 때문에 공동체적 관계 안에 분열의 싹이 자라고 있었던 것입니다.

• •

11. 조선농회, 「조선의 소작관행」, 1930, p. 8.
12. 조선총독부, 「조선의 소작관행」 下卷, 1932, p. 389.

3. 일제 강점기 민족분열의 진전

이런 상태에서 조선 말엽 일본인들이 조선의 사정을 잘 모른 채 목포, 군산 등지에 와서 조선인들에게 토지를 매입했습니다. 그런데 토지를 매입하고 난 다음 복잡한 문제가 생기는 것을 알게 되었습니다. 즉 분명히 조선 사람과 매매계약을 하고 토지를 샀는데 어떤 땅에서는 경작자가 자기는 이 땅을 판 사실이 없다며 땅을 내주지 않는 것입니다.

그것은 수조권자에게 토지를 구입한 경우입니다. 경작인은 땅을 내주지 않았고 가을에 도지나 받아 가면 된다는 것입니다. 또 어떤 땅은 분명히 조선 사람과 매매계약을 하고 땅을 사서 농사를 지었는데, 가을이 지나면 난데없이 한양에서 사람이 찾아와서 도조(賭租)를 내라는 경우도 있었습니다. 이 경우는 수조지의 경작권을 경작자에게 매수한 경우였던 것입니다.

조선왕조는 19세기 후반에 이르러 밀어닥치는 외세의 물결을 막지 못한 채, 안으로 민중봉기에 시달리고 있었습니다. 그러다 드디어 1895년에 거의 전국적 규모로 전개된 갑오 농민운동을 맞게 되었으며, 청국과 일본국의 군사적 도움을 받아 겨우 이것을 진압하였습니다.

그러나 형성 발전과정에 있는 고려민족을 배반하고 외세를 빌어 자기 지배체제를 유지하려 한 조선왕조의 권력은 청일전쟁(1894~5)과 러일전쟁(1904)에서 승리하고 한반도의 패권을 장악한 일본국의 수중에 빠른 걸음으로 옮겨졌습니다.

그래서 조선왕국으로부터 통치권을 빼앗은 일제 조선통감부는 일찍이 1906년에 토지가옥증명규칙(土地家屋證明規則), 토지가옥전당집행규칙(土地家屋典當執行規則) 등을 만들어 연이어 토지의 매매, 전당(典當), 소유를 보장할 수 있는 조치를 취했습니다. 그리고 1912년에는 토지조사령(土地調査令)과 조선민사령(朝鮮民事令), 부동산등기령(不動産登記令), 부동산증명령(不動産證明令) 등의 관계 법률을 공포하고 전면적인 토지조사사업을 실시하였습니다.

이 조선 토지조사사업에 의하여 일본제국주의는 조선의 근대적 토지소유권을 확정하고, 토지 약탈과 지세(地稅) 수탈의 기초를 확고히 한 것입니다.

그런데 문제는 이 조선 토지조사사업으로 일본제국주의가 조선인의 토지를 부당하게 약탈했을 뿐 아니라, 고려시대 이래로 형성 발전해온 고려민인 공동체의 성원들을 완전히 계급적으로 분열시키는 결과를 초래하였다는 사실입니다.

조선시대에도 토지의 사유전화는 상당히 진행되어 토지를 사유한 사람과 사유지를 차경하는 사람 사이에는 계급적 분열이 자라고 있었던 것은 사실이지만, 그들은 경작권이란 형태로 불완전하게나마 생산수단을 계속 지배하고 있었습니다. 경국대전에 의하면 수조권자가 농민의 경작권을 함부로 빼앗으면 곧장 형을 받도록 하는 형벌규정이 있었습니다.

물론 조선 말기에 있어서 병작반수하는 시작지(時作地)는 매우 광범하게 분포되어 총경지의 절반 이상이 시작(時作)에 의하여 경작되고, 나머지 절반 정도가 기주(起主), 시작관계가 없는 자작지였다[13]고 합니다. 그

13. 조선 후기의 양안(量案)을 분석한 결과 총경지 면적의 30.5%(上同坪)~65.5%(長公坪)가 시작지였던 것으로 나타났다. 김용섭, 「조선후기농업사연구」, 일조각, 1970, p. 229.

러나 조선 말기의 모든 시작지가 전주(田主)의 사유지라 볼 수는 없으며, 일부는 경작권을 함부로 처리할 수 없는 수조지에 불과하고, 나머지 일부만이 전주가 경작권을 임의로 처분할 수 있는 사유전이었습니다.

그런데 일제는 조선 토지조사사업으로 토지의 소유권을 확정하는 과정에서 경작농민의 경작권은 이를 전혀 무시하고, 수조권을 가진 데 불과했던 전주를 자경지의 경작자와 똑같은 토지소유자로 확정하고 말았습니다.

그 결과 조선시대에는 세나 조만 납부하면 자유로이 경작하고 심지어 땅을 매매까지 할 수 있었던 농민들의 경작권은 무시되고, 수조지에서는 경작농민들의 토지 지배권이 없어졌습니다. 농민들은 이의를 제기하고 여러 가지 형태로 항쟁했습니다.[14]

조선 토지조사사업이 실시된 후 제기된 분쟁들 중에서 그 99.7%는 소유권에 관한 분쟁이었다고 합니다. 그렇지만 당시 말깨나 하고 글깨나 쓰는 조선인들은 대부분 양반계급 출신이었기 때문에 일제는 이들을 식민지 통치의 앞잡이로 포섭하려고 작정했던 것입니다. 그래서 일제는 수조권자의 편에 서서 경작농민의 주장을 압살하고, 분쟁지를 모두 수조권자의 땅으로 확정하고 말았습니다.

이 과정에서 고려민족의 구성원들은 생산수단을 소유한 사람들과 그것을 소유하지 못한 사람들로 분명하게 분열하는데, 생산수단을 소유하게 된 사람들은 주로 조선의 지배계급으로 토지에 대한 수조권을 행사

---

14. 일제에 의한 토지조사사업이 실시된 후 분쟁들 중에서 그 99.7%는 소유권에 관한 분쟁이었는데 이렇게 소유권 분쟁이 많았던 가장 중요한 원인은 조선시대의 수조권자와 경작권자가 각각 그 소유권을 주장했기 때문이다.

하던 사람들과 왕국에 직접 세를 납부하던 유세무조지(有稅無租地) 사람들이며, 생산수단의 소유에서 소외된 사람들은 조선시대부터의 무전지민(無田之民)과 공사(公私) 수조지의 경작민들이었습니다.

그리고 한일병합조약 후 일제의 식민지 정책은 조선민중을 더욱 가혹하게 생산수단의 소유에서 배제하고, 일본 자본가들이 보다 많은 토지, 보다 많은 공장, 기타 기업체 소유자로 되게 하는 것이었습니다. 1914년에 전체 농가호수의 35.1%가 순 소작농이었는데, 1942년에는 53.8%가 순 소작농으로 되었습니다. 여기에 자작 겸 소작농은 23.9%이며 완전한 자작농은 17.4%에 불과했습니다.[15]

땅을 잃은 수많은 농민들은 남부여대(男負女戴)하고 만주로 가거나, 아니면 도회지로 나가서 임금노동으로 생계를 이어가는 수밖에 없었습니다. 일제 강점기 전 기간을 통해 조선의 임금노동자 수는 점차로 증가했는데, 1942년 현재 임금노동자 총수는 약 200만 명을 넘었습니다.[16] 이와 같은 노동자 총수는 당시 조선의 총농가 호수가 300만 정도였다는 사실을 생각할 때 결코 작은 수가 아닙니다.

그 반면에 많은 토지가 일본인과 친일파 지주들에 의하여 독점적으로 사유화되었으며, 전체 답면적(畓面積)의 68%, 전면적(田面積)의 51.9%가 소작지로 되었습니다.[17] 그리고 임금노동자들을 고용하는 공장, 광산, 기타 큼직한 산업시설들은 극히 일부가 반민족적 친일분자에 의하여 소유되고 있었지만, 대부분 일본인 자본가의 소유로 되었습니다.

15. 조선경제사 편, 「조선경제통계요람」, 1949, p. 17.
16. 앞의 책, p. 134.
17. 앞의 책, p. 22.

한일병합조약 당시인 1910년에 상업 및 공업회사 불입자본금을 보면 일본인 자본 31%, 조선인 자본 17.1%, 조·일인합동 50.9%였습니다. 그런데 그것이 1929년에는 일본인 자본 62.4%, 조선인 자본 6.3%, 조· 일인합동 자본 31.0% 등으로 변화하였습니다.[18] 그리고 그 후 일본인 자본의 비중은 점차 높아져서 1941년 말에는 상업 및 공업자본에서 일본인 자본의 비중은 91.2%로 되었으며, 조선인 자본은 겨우 8.8%가 되었습니다.[19]

광산부문에 있어서도 1945년 8·15 직전에 석탄업에서는 총 투자액의 94.8%, 석탄 외 광업은 총 투자액의 96%가 일본인 자본이었습니다.[20]

따라서 일제 강점기에 우리 민족은 모두 일본제국의 수탈대상이 되었지만 수탈의 형태는 조세정책에 의한 경제외적 수탈, 생산수단의 독점적 소유 및 유통과정을 통한 자본주의적 수탈의 두 가지에 의존했기 때문에 식민지 조선인은 조세정책에 의한 경제외적 수탈은 공통되어 있었으나, 생산수단의 사적 소유를 기초로 하는 자본주의적 수탈에 있어서는 민족 구성원들이 결코 같은 처지에 있었던 것이 아닙니다.

그것이 토지든 기업이든 생산수단을 스스로 소유한 사람들과 그것을 소유하지 못한 사람들은 공동체적 관계의 같은 민족 구성원이지만, 그 생활 처지는 결코 같은 것이 아니었기 때문입니다.

왕국시대의 왕족, 귀족, 관인들은 자기의 자손들에게만 관인이 되어 권력의 지위를 상속해 줄 수 있도록 신분적 계급제도를 만들었습니다.

18. 조선총독부, 「통계연보」, 1932, p. 195 이하 참조.
19. 경성상공회의소 조사에 의한 것이다. 「조선경제요람」, 위의 책, p. 176의 제1표 불입총자본의 조·일인별 비율임.
20. 조선은행조사부, 「조선통계연보」, 1948, pp. 1~87.

그리고 민인들은 여기서 제외됐었습니다. 그러나 왕국시대 후기로 내려오면서, 생산수단에 대한 사적 소유가 싹트고 이에 따라 민족은 생산수단의 소유자와 비소유자 사이에 경제적인 계급적 분열이 생기게 되었습니다.

이는 유한한 생산수단을 일부 사람이 독점하고 그것을 자기의 자손들에게만 사적으로 상속해 주려 하였기 때문입니다. 공동체적 관계란 함께 더불어 사는 관계인데, 생산수단의 사적 소유와 사적 상속은 생산수단을 독점한 사람들이 생산수단에서 소외되어 살길이 막힌 사람들을 소작인 또는 임금노동자로 고용하여 그들의 잉여노동을 착취할 수 있게 만드는 것입니다.

그리고 일본제국주의 통치자들은 식민지 조선에서 대부분의 민인들이 가지고 있던 경작권을 무시하고 과거의 수조권자들을 토지의 소유권자로 인정하여 그들의 사적 상속을 합법화함으로써 조선 주민들을 지주라는 자산가와 소작인이라는 무산자로 계급적 분열을 조장하였습니다.

그 결과로 일제 식민지 통치하의 민족국가 수립운동 즉 독립운동 노선상 분열이 생긴 것입니다. 앞으로 건설할 민족국가는 생산수단을 사회적 소유로 해야 한다고 주장하는 좌익 사회주의 사상이 조선 민중 속에서 광범위하게 지지 기반을 확대하게 된 것입니다. 이에 반해서 일제가 확정한 생산수단의 사적 소유를 존중해야 된다고 주장하는 우익 인사들의 독립운동은 1930년대로 넘어오면서 친일파로 전락하는 경우가 많았고, 해외에서만 겨우 명맥을 유지하는 형편이었습니다.

이 점은 일세의 식민지 정책이 일본자본에 대항할 민족자본의 성장을 불가능하게 하였고, 실제로 조선 내 자본의 대부분을 일본인 자신이 소유하였으며, 극히 일부 자본만을 친일적 조선인이 소유할 수 있게 하는 것이었기 때문에, 일제치하 조선사회의 주요모순은 광범한 조선민중과 일본제국주의 사이의 모순이었기 때문입니다.

그 결과 조선의 민족해방운동은 사회주의적 계급해방운동과 일체화되는 경향을 가질 수밖에 없었습니다. 왜냐하면 대부분의 자본과 주요 생산수단이 일본인 소유 또는 친일분자의 소유로 되어 있는 조건하에서, 생산수단의 사적 소유를 존중하고 노자협조(勞資協調)를 주장하는 우익 사람들은 곧 친일 지주 및 일본자본과 협조하자는 친일파가 되고, 지주 및 자본가 계급의 타도를 외치는 좌익 사람들은 항일을 의미하는 것이 되었기 때문인 것입니다.

4. 남북분단과 두 개 국민국가의 수립

이러한 상태에서 1945년 8·15로 일본제국이 항복을 하고 Corea 반도를 38선 이북은 사회주의 국가인 소련의 군대가 점령하고, 38선 이남은 자본주의 국가인 미국의 군인이 점령하여 남과 북에 대한민국과 조선민주주의인민공화국이라는 두 개의 분단국가를 수립하고, 미소 간 냉전의 격화가 남북 간의 6·25전쟁을 초래한 사실은 국토의 남북분단과 고려민족 구성원들의 좌우분열을 고착화시키는 결정적인 계기가 되었습니다.

1945년 8·15 직후 사실 Corean은 생산수단의 소유문제를 놓고 크게 분열할 근거가 없었습니다. 왜냐하면 토지의 소유에 관해서는 좌우가 모두 "경자유기전(耕者有其田)"의 원칙에 따라 농민적 소유를 주장하고 있었으며[21], 제조업 및 교통, 운수, 금융 등 산업이 일본인 또는 조선총독부의 지배하에 있어서, 건국 후 주요산업은 국유로 한다는 점에서 좌우익을 막론하고 공감대가 형성되어 있었기 때문입니다.

1948년 건국 당시의 대한민국 헌법 제85조와 87조 그리고 조선민주주의인민공화국 헌법 제5조는 광물 기타 주요 지하자원, 수산자원, 수력과 경제상 이용할 수 있는 자연력은 국유로 한다고 하였고, 중요한 운수, 통신, 금융, 보험, 전기, 수리, 수도, 가스 및 공공성을 가진 기업은 국영 또는 공영으로 한다고 규정하고 있었습니다.[22]

한 사회 구성원이 좌우익으로 분열하는 중요한 기준은, 생산수단의 소유문제를 놓고 사적 소유를 옹호하느냐? 아니면 사회적 소유를 지지하느냐? 하는 문제에 있었습니다. 그런데 1945년 8·15 직후의 상황에서 우리 민족 구성원들은 이념적으로는 큰 분열의 이유를 갖고 있지 않았습니다.

왜냐하면 대한민국과 조선민주주의인민공화국이 지향하는 정책 노선상의 주요한 차이는 토지를 경작하는 농민의 소유로 만드는 과정에서 좌익은 "무상몰수 무상분배"의 원칙을 적용하는 토지분배정책을 추구한데 비하여, 우익은 "유상매수 유상분배"의 원칙을 적용한다는 점이 가장 큰 차이를 나타낸 정도라 할 수 있을 것입니다.

토지개혁문제에 있어서 사회주의를 지향하는 좌익과 조선민주주의인민공화국이 "무상몰수 무상분배"의 원칙을 추구한 것은, 일제가 20세기 초의 조선 토지조사사업 과정에서 조선왕조 양반층의 수조권을 근대

21. 1948년 당시의 대한민국 제헌헌법 제86조, 조선민주주의인민공화국 헌법 제6조 참조.
22. 1948년 당시의 대한민국 제헌헌법 제87조 및 조선민주주의인민공화국 헌법 제5조 참조.

적 소유권으로 인정하면서 경작민의 경작권을 전혀 무시한 것과 정반대로 경작권만을 소유권으로 인정하고, 토지 소유권을 갖게 된 지주의 입장을 전적으로 무시하는 것을 의미하였습니다.

반면에 자본주의를 지향하는 우익과 대한민국의 농지개혁정책 방향은 "경자유기전"의 원칙을 인정하되, 일제하의 지주 즉 토지 소유권자를 그대로 존중함으로써 조선왕조 시대 수조지 농민의 경작권을 전혀 무시한 일제의 식민정책을 그대로 답습하는 입장에 섰던 것입니다.

그 후 대한민국과 조선민주주의인민공화국은 1950년 6. 25에서 1953년 7. 27에 이르는 3년여의 참혹한 전쟁을 치렀고, 생산수단의 소유문제와 관련하여 남과 북은 지난 반세기 동안 각기 다른 방향을 향해서 달려왔습니다. 즉 남측에서는 국가적 소유였던 각종 기업체들을 하나씩 불하하여 생산수단 사유화의 길을 확대해 왔으며, 북측에서는 농민적 사유를 협동조합적 사회화의 길로 인도하여 국유 내지 사회적 소유의 길을 확대해 왔던 것입니다.

5. 통일 민족국가의 갈 길

현재 대한민국에서는 생산수단의 소유가 거의 대부분 사적 소유로 되어 있으며, 사적 소유의 범위는 계속 확대일로의 길을 걸어왔습니다. 자본주의 사회를 지향하는 대한민국의 경제 질서로 볼 때 생산수단이 모두 사적 소유로 되고, 이것이 다시 사적 상속의 대상이 되는 것은 자연스러운 추세라고 할 수 있습니다.

이에 반하여 조선민주주의인민공화국에서는 생산수단이 대부분 국가적 소유거나 협동조합적 소유로서 생산수단의 소유가 사회화되어 있는 것이 지배적인 현실입니다. 그리고 이 또한 사회주의 체제를 고수하려는 입장에서는 당연한 현상입니다.

현재 이와 같은 현실을 놓고 남북통일을 논할 경우에, 경제 체제에 관한 한 통일은 다음과 같은 세 가지 모형을 상정할 수 있습니다. 첫째, 남과 북의 현 경제체제를 항구적으로 그대로 둔 채, 하나의 국가를 만드는 "1국 양제"의 국가통일, 둘째, 현재의 남한체제를 북측까지 확장 북측을 흡수하는 자본주의적 체제통일. 셋째, 현재의 북한 사회주의 체제를 남측까지 확장하는 사회주의적 (적화) 체제통일 등입니다.

지금 사람들이 겉으로는 무슨 말을 하든, 통일을 말할 경우 대체로 이상 세 가지 통합방법 중 하나를 내심에서 지지하고 있는 실정이라고 말할 수 있을 것입니다. 그러나 저는 우리 민족의 통일은 영구적으로 체제 통합이 없는 통일이거나, 남북 어느 쪽으로 체제를 통일하는 세 가지 통일방법 중 어느 하나를 선택해서 되는 것이 아니라, 또 하나의 새로운 길을 창조해야만 된다고 생각합니다.

왜냐하면 첫째, 한 민족국가 안에서 상이한 두 개의 경제체제가 항구적으로 공존한다는 것은 현실적으로 어려울 것입니다.

둘째, 자본주의적 흡수통일은 민족 구성원 간의 치열한 경쟁이 빈부격차를 더욱더 심화시켜 민족 구성원 간의 모순 갈등을 격화시켜 국민통합을 어렵게 하기 때문에, 국민 평등을 기초로 하는 근대적 통일 민족국가 건설을 저해할 것입니다.

그리고 셋째, 사회주의적 체제통일은 관료주의적 경직성이 경제적 능률과 사회적 생산력의 제고를 제약하여 국제사회에서 민족국가를 낙오자로 만드는 위태로움을 초래할 것이라 보기 때문입니다.

따라서 저는 남북의 체제통일은, 물론 남북 간의 평화 정착을 위해서 우선 "1국 양제"를 상당한 기간 수용하는 것을 전제로 해서, 남과 북이 점차적인 방법으로 각기 공동상속 제도를 도입하여 하나의 경제체제를 추구하는 새로운 길을 추구해야만 한다고 생각하는 것입니다. 즉 남한과 북한이 모두 현재의 자기 경제체제에 공동상속 제도를 도입하는 새로운 통합의 길을 추구해야 한다는 것입니다.

우선 남한의 경우를 생각해 보십시다. 공동상속 재산의 하한선(그것은 곧 사적 상속의 상한선이기도 하다)은 국민경제의 형편에 맞게 국회가 해마다 그 수준을 적절히 결정할 수 있을 것입니다. 그리고 모든 청년들은 성인이 되는 일정 연령에 도달했을 때, 누구나 국가로부터 공동상속 지분을 자본 분배의 형식으로 분배받을 수 있을 것이며, 공동상속 받은 자본 지분은 일정 기간 그 자유처분을 제한하는 규정을 두어야 할 것입니다.

다만 공동상속 지분을 분배받을 경우 그 지분은 되도록 자기가 일하는 회사의 주식 형태로 분배하여 종업원지주회사를 확대하는 것이 바람직하며, 자신의 분배 지분에 대해서 희망에 따라 상급학교에 진학할 수 있는 학자금의 형태로 분배받을 수도 있는 길을 열어주는 것이 필요할 것입니다.

다음 북한의 경우, 현재의 국유 국영기업은 점차 민유 민영화의 범위를 확대하고, 종업원들에게 자사주를 구입 소유할 수 있도록 배려하여야 합니다. 현재 상속할 만한 개인재산이 없는 북한의 현실을 고려할 때 국가는 현재 국유 또는 협동적 소유로 사회화되어 있는 재산을 점차 사유화하는 절차를 밟을 필요가 있습니다. 북한에서도 역시 매년 성인이 되는 청년들에게는 국가가 현재 국유로 있는 재산을 공동상속 지분으로 만들어 분배하는 것이 필요하다는 것입니다.

공동상속 지분을 분배받은 개인은 자기의 일생 동안 그것을 고수하며 키울 수도 있고, 그것을 모두 소진할 수도 있을 것입니다. 그러나 역시 사적 상속은 공동상속제도에 의해서 제한될 것이기 때문에, 개인적 상속의 상한선(그것은 곧 공동상속의 하한선이기도 하다)은 매년 의회가 결정하고 그 상한선 이상은 공동으로 상속하면 될 것입니다.

남한과 북한에서 공동상속의 하한선과 개인적 상속의 상한선은 상당한 기간 차이가 클 것이지만, 세월의 흐름에 따라 점차 축소 접근하게 될 것입니다. 즉 초기에 남한에서는 상대적으로 사적 상속분이 크고 공동상속분이 적을 것이며, 북한에서는 공동상속분이 크고 사적 상속분이 적겠지만, 그 격차는 점차 축소될 수 있을 것이며, 드디어는 경제 체제의 통일을 달성할 수 있게 될 것입니다.

그리고 한 민족 구성원들이 생산수단의 소유 제도를 놓고 사적 소유를 절대시하거나, 사회적 소유를 절대시하여 피투성이가 되어 서로 싸운 20세기의 선조들을 두고 21세기 이후의 후대 사람들은 지난날의 싸움을 웃음거리로 삼을 것입니다. 대자연의 질서는 지구상의 자연 부원을 이 지상에 태어나는 모든 사람들이 저마다 이를 개인적으로 누리지만(사유하지만), 모든 사람들은 결국 빈손으로 돌아가고 또 새로 태어나는 사람들이 그것을 고르게 함께 더불어 누릴 기회를 주어야만 "모든 사람들이 평화롭게 더불어 살" 수 있으며, 그렇지 않고 개인적·사적 상속이 누적될 경우 사회 구성원 간의 갈등은 격화하고, 죽임의 문명을 추구해온 지구촌 사람들은 끝없는 상쟁으로 모두가 더불어 죽을 수밖에 없는 위기를 맞을 수 있다고 생각하기 때문입니다.

8 · 15 55주년과 '남북공동선언'

1. 8 · 15의 의미

지난날 우리는 해마다 8월 15일이 되면, 그날을 '해방의 날'이라고 생각하고, 성대한 기념행사를 했습니다. 그러나 우리는 역사 속에서, 1945년 8 · 15는 우리 민족이 진정으로 외세의 굴레에서 '해방된 날'이었느냐? 하는 데 대해 냉철한 반성을 할 필요가 있습니다. 왜냐하면, 1945년에 '해방'되었다는 우리 민족은 반세기가 넘도록 분단 상태를 면치 못하고 있으며, 통일된 민족국가도 수립하지 못한 상태에 있는데, 우리가 이런 상태에서 스스로를 '해방된 민족'이라 자처하는 것이 과연 적절할 것인가 하는 의문이 제기되기 때문입니다.

우리는 이제 8 · 15의 55주년을 맞고 있습니다. 이 글은 오늘의 분단된 민족 현실을 놓고, 우리는 과연 8 · 15의 의미를 어떻게 이해하고, 민족의 내일을 위해서 이번 '남북공동선언'을 어떻게 평가해야 할 것인가? 하는 문제를 간단히 생각해 보려는 것입니다.

1945년 8월 15일이 2차 세계대전 '종전의 날'임에는 틀림없습니다. 그러나 1945년에 전승국 미국과 소련에 의해 남북이 분할 점령되고, 뒤이어 1948년 남북에 2개 분단정부가 수립된 사실이 그대로 민족의 '해방'과 '자주독립'을 의미하는 것일 수 있을까요? 각자의 입장에 따라서는, 남과 북 어느 한쪽 정부가 우리 민족 전체의 정통성을 가지는 '민족국가'라고 인식하고, 8·15가 조국 광복을 이룩하게 한 것이라 생각하겠지만, 그것은 어디까지나 주관적인 평가일 뿐, 객관적 현실이라 말할 수 없습니다.

설사 남측이나, 북측의 어느 한쪽 정부가 우리 민족의 유일한 '민족국가'라 가정하더라도, 1948년에 그런 정부를 세울 수 있었다는 사실 때문에 1945년 8·15가 민족 '해방의 날'이 될 수는 없습니다. 왜냐하면, 1948년에 그와 같은 정부를 세우기는 했지만, 그것은 어디까지나 분단정부이고, 분단국가였으며, 이들 정부가 전체 우리 민족의 자유해방을 보장하는 역할을 하지 못하는 상태가 계속되었기 때문입니다.

'민족'이란 그 구성원들이 기쁨과 슬픔을 함께 하며, 더불어 사는 하나의 유기적 운명 공동체입니다. 그리고 '민족국가'란 그와 같은 '민족 공동체'의 운명을 책임지는 주권적 실체인 것입니다. 그런데 1948년 이후 우리 민족의 현실은 국토의 절반, 민족구성원의 1/3 ~ 2/3 이상이 그 국가주권으로부터 소외된 상태를 벗어날 수 없었습니다. 어떤 유기적 운명 공동체도 자기 몸의 일부가 아직도 부자유한 상태에 매어 있거나, 자기 몸이 동강난 상태에 있을 때, 스스로 "해방된 몸"이라고 말할 수 있을 것인가요?

이렇게 볼 때, 우리는 '민족'의 입장과 '국가'의 입장이 반드시 일치하는 것이 아니라는 사실을 알게 됩니다. '대한민국'이나 '조선민주주의인민공화국'이라는 국가를 우리의 유일한 '민족국가'로 생각하는 입장에서는, 1948년에 정권 수립을 가능하게 한 미국이나 소련을 '해방자'로 생각할 수도 있고, 1945년 8 · 15를 '해방의 날'로 인식할 수도 있을 것입니다. 그러나 전체 Corea 민족의 입장에서는 1945년 8 · 15 직후 Corea에 상륙한 미군과 소련군은 2차 세계대전에 승리한 전승국 군인에 불과하며, 일제의 식민지였던 조선에 대한 분할점령자였습니다. 따라서 1945년 8 · 15는 '민족해방'이 아니라, '민족분단'이 시작된 날인 것입니다.

그러므로 지금 8 · 15 55주년을 맞게 된 우리로서는, 1948년 이래 우리 민족은 남과 북에 두 개의 국민국가(nation-state)를 세우기는 했으나, 하나의 민족국가(nation-state)를 세우지 못했다는 객관적 사실을 솔직하게 인정하는 것이 절실히 필요합니다. 그리고 1945년 8 · 15의 의미를 분단 원년으로 이해하고, 21세기의 세계사 속에서 우리 민족의 진로를 어떻게 개척할 것인가 하는 것을 진지하게 생각해야 할 때라고 생각합니다.

2. '6 · 15남북공동선언'의 의의

망국과 분단의 아픔을 겪으며, 20세기를 살아야 했던 우리 민족이 비극의 한 세기를 보내고, 새로운 21세기를 맞이하는 시점에서, 분단사상 처음으로 남과 북의 두 정상들이 지난 6월 15일 "남북공동선언"을 채택한 것이 매우 중대한 역사적 의의를 가집니다.

'남북공동선언'의 역사적 의의는 첫째, 하나의 통일된 민족국가(나라)를 건설하기 위해서, 남과 북이 힘을 합쳐 민족 자주적으로 해결해 나갈 것을 재확인하였다는 사실입니다. '민족 자주의 원칙'에 대한 선언은 1971년의 '7·4남북공동성명'에서 천명됐었고, 1992년의 '남북기본합의서'에서도 확인된 바 있었으나, 그것이 실천으로 이어지지 못했었습니다. 그럼에도 불구하고 이번에 남북정상들이 "민족 자주의 원칙"을 다시 한 번 천명한 것은 통일 민족국가의 수립이란, 그 어떤 외부세력의 도움에 의해서 이루어지는 것이 아니라, 우리 민족 구성원들 자신의 자주적 노력을 토대로 할 수밖에 없다는 민족적 자각을 촉구하는 계기를 제공했습니다.

우리 민족은 강대국들 사이의 약소민족이었기 때문에, 1948년 남과 북은 각각 정부를 세우는 과정에서나, 그 후 통일된 하나의 '민족국가'(나라)를 건설하려는 과정에서, 각각 주변강국의 도움을 받으려 했던 것이 사실입니다. 그러나 이와 같은 우리의 외세 의존적 태도에 대해서 역사는 우리에게 냉철한 자기반성을 요청했습니다.

그럼에도 불구하고 우리는 이러한 역사적 요청에 대해서 바르게 응답하지 못했습니다. 따라서 우리는 과거의 잘못을 솔직하게 인정하고, 민족 자주를 강조하는 일에 조금이라도 인색해서는 안 될 처지에 있었습니다. 그렇기 때문에 이번 남북 정상들이 '남북공동선언'에서 '민족 자주의 원칙'을 재천명한 것은 역사의 요청에 대한 올바른 응답이며, 민족적 자각을 촉구하는 것이라는 점에서 큰 의의가 있다는 것입니다.

둘째, 이번 '남북공동선언'은 지난 수십 년 동안 남과 북이 서로 타도를 추구해온 종래의 적대정책에 대해 중대한 방향전환을 하겠다는 약속이라는 점에서 가장 큰 의의가 있습니다. 이 점은 특히 '남북공동선언'

제2항과 관련된 것이다.

'남북공동선언' 제2항은 "나라의 통일문제를 위한 남측의 연합제 안과 북측의 낮은 단계의 연방제 안이 서로 공통성이 있다고 인정하고 앞으로 이 방향에서 통일을 지향"한다고 선언했습니다. 이는 남북의 통일방안들이 모두 복수 국가의 공존을 전제로 하는 '복합국가식 통일방안'이라는 사실을 서로 확인한다는 선언입니다. 따라서 이는 종래 남과 북이 서로 상대방이 주장하는 '복합국가식 평화 통일방안'에 대해서 "이는 우리를 전복하기 위한 기만전술이거나, 민족을 영구분단 하려는 것에 불과하다"고 평가했던 불신관계를 청산하겠다는 선언입니다.

남북 쌍방은 지난날 서로 상대방을 타도하려는 정책을 추구했던 불행한 과거를 갖고 있습니다. 그렇기 때문에 서로는 상대방이 쌍방의 평화 공존을 전제로 하는 '복합국가식 평화통일 방안'을 주장했어도, 그 진심을 믿지 못했습니다. 그래서 남과 북은 각각 스스로 평화공존적 통일방안을 주장하고 있었음에도 불구하고, 실질상 상대방에 대한 타도 또는 흡수를 추구했던 지난날의 정책을 계속 부분적으로 유지하는 모순 속에 있었습니다.

그러나 이번 '남북공동선언'은 남북 정상이 지금까지의 모순된 정책들을 청산하고, 서로 상대방 지역에 대한 패권 추구를 포기하여, 서로의 실체를 인정 존중하고, 복합국가식으로 남과 북의 '국민국가'들이 연합, 연방단계를 통해서 하나의 '민족국가' 건설을 지향하기로 결정했기 때문에, 그것이 중대한 의의를 가졌다고 평가하는 것입니다.

셋째, '남북공동선언'은 단순한 원칙 선언에 그치지 않고, 남북 사이의 신뢰증진을 위한 구체적 조치들을 취하기로 결정한 점에서 중요한 의미를 찾을 수 있습니다. 적대관계 또는 불신관계에 있던 사람들 사이에 신뢰를 회복하자면, 보다 많은 접촉 교섭이 불가피합니다. 그런데 이번 '남북공동선언'은 제3~5항에서 인적·물적인 다방면적 교류 협력을 약속함으로써 상호신뢰를 구축하기 위한 구체적 조치들을 취한 것입니다. 남북 간에 다방면적 교류가 이루어져서 상호신뢰가 구축되기까지는 많은 시간과 노력이 요청되겠지만, 서로 불신을 제거하기 위한 구체적 조치들을 약속한 점에서 실현성이 높은 것임을 평가할 수 있는 것입니다.

3. '남북공동선언'이 갖고 있는 문제점

이번 '남북공동선언'은 그 역사적 의의가 매우 큰 것임에도 불구하고, 반드시 해결하지 않으면 안 될 몇 가지 중요한 문제점을 안고 있습니다.

첫째, 남과 북이 상호 적대관계를 해소하고, 평화롭게 함께 더불어 사는 공존공영의 관계를 수립하는 데 필수적인 평화정착의 선행조건을 마련하지 못하고 있습니다.

남과 북은 3년여의 치열한 전쟁을 치른 적대국의 관계였습니다. 남과 북은 현재 1953년 7월에 체결된 휴전협정 체제하에 있습니다. 그리고 이 휴전협정은 평화협정에 의해서 종전처리 되기를 52년간이나 기다리고 있었습니다. 그럼에도 불구하고 이번 '남북공동선언'은 이 문제에 관해서 아무런 언급을 하지 않고 있습니다. 피차간에 껄끄럽고 어려운 문제에 관해서는 피해 가자는 취지였는지 모르지만, 역시 이번 '남북공동선언'이 안고 있는 결정적인 한계점입니다.

휴전협정체제가 평화협정체제로 바뀌어 전쟁이 종결 처리되지 못했기 때문에, 남북 간에는 아직도 적대관계가 해소되지 못했습니다. 국군과 인민군 사이에서 '주적' 개념이 해소되기 어려운 것은 종전처리가 되지 못한 쌍방군사력 사이의 당연한 귀결일지도 모릅니다.

그리고 휴전협정체제를 종전 처리하여 평화협정체제로 만들자면, 남북 쌍방이 서로를 살상 파괴하기 위하여 지난 반세기 동안 치열하게 진행해온 군비경쟁에 대해서도 어떤 결말을 보아야만 했습니다. 상대방을 살상 파괴하기 위해 계속 총부리를 겨누고, 힘껍게 칼을 갈아야 한다는 것은 남과 북이 평화롭게 하나의 통일 민족국가를 건설하겠다는 공동선언과 양립할 수 없는 것입니다.

두 사람이 만났을 때의 인사로 악수를 하는 풍습은 서양에서 전해온 예법일 것입니다. 그런데 이 악수의 의미는 "내 손에 당신을 해칠 무기를 갖고 있지 않습니다"라는 표시라고 합니다. 즉 악수는 상대방을 해칠 의사가 없다는 우호적 관계를 표현하는 것입니다.

남북 정상이 악수를 나누었다는 사실은, 남북 쌍방이 상대방을 해칠 의사가 없으며, 상대방을 살상 파괴하려는 무기를 서로 땅에 버렸다는 것을 의미할 때, 진정한 악수가 되는 것입니다. 그런 관점에서 볼 때, 이번 '남북공동선언'에서는 남북 간에 전쟁 종결 처리를 하는 문제나, 군비통제 및 군비감축에 관한 문제에 관해서 아무런 구체적 언급이 없었다는 점은, 분명히 '남북공동선언'이 남북관계를 적대적 관계에서 평화공존적 관계로 전환케 하였다는 역사적 평가를 크게 제약하는 문제점이 아닐 수 없습니다.

둘째, 이번 '남북공동선언'은 남과 북이 서로를 국가적 실체로 인정하는 문제에 관해서 아직도 충분한 결론을 도출하지 못했다는 것이 또 하나의 중대한 문제점입니다. 그동안 남북 쌍방은 서로를 '국가'로 인정하기를 거부하여 왔습니다. 그렇지만, 그것은 결코 '실사구시'의 정신에 부합하지 않는 비현실적 논리에 불과했습니다.

남측 평화통일 방안인 '연합제 안'이나, 북측의 평화통일 방안인 '낮은 단계의 연방제 안'이라는 것은 모두 남과 북이 상대방의 국가적 실체를 인정하고 존중하는 것을 전제로 성립할 수 있는 것입니다. 그런데 이번 '남북공동선언'은 남북 쌍방이 서로의 평화통일 방안에 "공통점이 있다고 인정하고, 앞으로 이 방향에서 통일을 지향시켜 나가자"고 선언했습니다. 그렇지만, 이 '남북공동선언'은 서로를 국가적 실체로 인정하는 문제에 관해서는 일체 언급을 회피하고 있습니다.

1992년에 성립한 '남북기본합의서'('남북 사이의 화해와 불가침 및 교류 협력에 관한 합의서')에서도 남과 북은 대한민국과 조선민주주의인민공화국을 대표해서 쌍방의 총리들이 서명하고, 쌍방 국가 원수가 비준한 비준서를 상호 교환했습니다. 그럼에도 불구하고, 쌍방은 상호 간의 국가적 실체를 인정하는 일을 피하기 위하여 남북관계를 "쌍방 사이의 관계는 나라와 나라 사이의 관계가 아니라, 통일을 지향하는 과정에서 잠정적으로 형성되는 특수관계"라고 표현했었습니다.

그러나 이것은 우리가 '나라'를 '민족국가'로 이해했고, Corea반도에 두 개의 '민족국가'를 인정하는 것은 분단 현실을 영구히 인정하는 것이 된다는 생각을 갖고 있기 때문입니다. 그렇지만, 이는 근대 nation-state라는 '국가'는 '민족국가'가 아닌, 단순한 '국민국가'를 의미할 수도 있다는 사실을 간과한 것이었습니다.

영어에서 '국가'와 '민족'은 nation이라는 같은 말로 표현되기도 합니다. 그러나 역사의 발전과정은 그것이 동일한 것이 아님을 보여주고 있습니다. 세계사에서 봉건 왕국이나 제국들이 근대적 '국민국가'로 발전하는 과정을 보면, 어떤 민족은 단일한 국민국가(즉 민족국가)를 건설

했지만, 어떤 민족은 복수의 '국민국가'를 건설하거나, 다수 민족이나 다수 국민국가가 연합해서 하나의 '연방국가'를 건설한 것이 역사적 현실이었습니다. 그래서 근대적 nation-state가 때로는 '민족국가'를 의미할 수 있지만, 때로는 '민족국가'가 아닌 단순한 '국민국가'나, '국민국가의 연합'을 의미하였던 것입니다.

'대한민국'이나 '조선민주주의인민공화국'은 그 어느 쪽도 봉건 '조선왕국'이나 '대한제국'을 인계 받은 것이 아니었습니다. 남과 북은 1948년에 저마다 하나의 근대적 '국민국가'를 새로 건설한 것입니다. '조선왕국'이나 '대한제국'은 20세기 초 일본제국에 의해서 멸망되었습니다. 그리고 '조선' 및 '대한'의 민인들이 외세의 지배에서 벗어나서, 자신들의 새로운 근대적 국민국가(nation-state)를 수립하기 위해 '항일민족해방투쟁' 내지 자주 민족국가 수립을 위한 '독립운동'을 전개했습니다. 이 과정에서 2차 세계대전이 벌어졌고, 남과 북은 1945년 미국과 소련에 의해 분할 점령되었으며, 1948년 남과 북에 '대한민국'과 '조선민주주의인민공화국'이라는 두 개 정권을 수립한 것이 아닙니까?

그리고 2차 세계대전 종전 후 미국과 소련이 세계적 패권을 다투는 냉전시대로 들어갔기 때문에, 세계 각국은 미국과 소련의 눈치를 보면서, 대한민국 또는 조선민주주의인민공화국을 조선왕국이나 대한제국의 법통을 인계 받은 것으로 인정하기도 했습니다. 그렇지만, 그것은 하나의 민족이 Corea 반도에서 두 개의 '국민국가'를 건설했다는 객관적 진실을 외면하고, 자기들이 지지하는 어느 한쪽 국가만을 '민족국가'로 인정하려는 욕구를 반영한 것에 불과했습니다.

그러나 탈냉전의 오늘날, 세계의 많은 국가들은 남북 쌍방과 동시 수교의 관계를 맺게 되었으며, 남북 쌍방이 함께 '국가만이 회원 자격을 가지는', '국제연합' 회원국으로 동시 가입하게 되었다는 현실에서 볼 때, 재고되지 않을 수 없는 문제인 것입니다. '대한민국'이나 '조선민주주의인민공화국'이 비록 전체 Corean의 '민족국가'는 아니지만, 각기 하나의 독립된 '국민국가'임을 인정하지 않으려 하는 것은 비현실적 명분론 또는 교조주의적 관념론에 매인 결과일 뿐입니다.

'대한민국'과 '조선민주주의인민공화국'의 국가 원수들(남북공동선언은 남북정상들이라 표현)이 공동선언을 발표하면서도, 자기가 남과 북에 현존하는 쌍방 국가의 원수임을 인정하지 못한다면, 이는 희극입니다. 그리고 자기가 '대한민국'이나 '조선민주주의인민공화국' 원수(정상)임을 자인한다면, 상대방 또한 상대방 국가의 원수임을 인정하지 않을 수 없는 것입니다.

이번 '남북공동선언'이 서로의 국가적 실체를 인정하는 문제에 대해서, 좀 더 분명한 태도를 밝히지 못한 점은 앞으로 극복되어야 할 중대한 문제점의 하나인 것입니다.

4. 민족통일을 위한 앞으로의 과제들

저는 앞에서 '6·15남북공동선언'이 가지는 큰 문제점으로, 전쟁종결 처리와 쌍방 간 국가적 실체를 인정하는 문제의 두 가지를 지적하였습니다. 앞으로 우리 민족이 통일된 하나의 '민족국가'를 건설하자면, 이 두 가지 문제점들을 극복하는 것이 가장 중요한 과제로 보는 것입니다.

첫째, 전쟁종결 처리 문제와의 관련에서는 남·북·미·중 '4자 회담'을 하루속히 속개하여 평화협정을 체결해야만 합니다. 평화협정의 당사자 문제를 놓고, 평화협정 당사자는 "남북 간이다", "북미 간이다" 하고 종래의 주장을 고집하는 것은 비현실적 형식론입니다. 남·북·미·중 4자는 실질상의 전쟁 당사자였습니다. 따라서 전쟁종결 처리를 의미하는 평화협정은 실질상의 전쟁 당사자들 사이에서 체결되어야 합니다.

그리고 이 평화협정에서 주한미군 문제도 논의되어야 할 것은 당연하며, 최소한 주한 미군의 적대적 지위는 변경되지 않을 수 없을 것입니다. 그리고 이 평화협정에서는 미군을 포함하는 남북 간 군비통제 내지 군비 축소 문제에 관한 확실한 규정을 도출해야만 합니다. 미국 측이 이러한 평화협정 문제와 분리해서 북측의 핵 개발이나 미사일 개발을 일방적으로 제약하려 한다면, 이는 약소국에 대한 강대국의 패권주의일 따름입니다. 아무리 약소국이라도 외부의 위협으로부터 자기를 수호하기 위해, 어떤 보장이 확보되지 않은 상태에서는, 스스로 무기를 가지려는 것은 정당한 주권국가의 권리이기 때문입니다.

둘째, 남북 간 상호 국가적 실체를 인정하는 문제와 관련해서는 쌍방의 헌법과 법률을 개폐하는 문제, 1992년에 조인 비준된 '남북기본합의서'가 국제법적 효력을 갖게 하기 위해서 국회 동의 절차를 밟고 '국제연합' 사무국에 등록하는 문제 등이 있습니다. 이런 문제에 관해서는 조속히 남북당국자회담을 개최하여 이를 해결하여야 할 것입니다.

'대한민국' 헌법 제3조와 '조선민주주의인민공화국' 제1조는 모두 남과 북의 분단국가를 전체 민족의 '민족국가'로 인정하려는 것이기 때문에 '남북공동선언' 제2항과 상충하는 것입니다. Corea에 2개의 '국민국가'는 있을 수 있지만, 2개의 '민족국가'는 있을 수 없는 것입니다. Corea 민족은 하나뿐이기 때문입니다. 남과 북이 진정으로 '남북공동선언'을 실천하고자 하면, 각각 이러한 냉전 분단시대의 헌법과 이를 근거로 하는 법률들을 개폐하지 않으면 안 될 것입니다.

'남북공동선언'의 3~5항들이 규정한 다방면적 교류와 협력을 성실하게 이행하는 것은 쌍방 간의 신뢰관계를 증진시키는 데 크게 기여할 것이지만, 만약 남북 쌍방이 위에서 지적한 두 가지 문제를 시급히 해결하지 않는다면, 남북관계는 언제 다시 적대적 냉전 대결 시대로 회귀할지 알 수 없는 위험을 안고 있습니다. 이 두 가지 문제의 해결이 없는 남과 북의 악수는 한 손에 칼을 든 채 다른 한 손으로 악수를 한 형국이기 때문입니다.

일제 식민통치에서 벗어난 지 55년, 민족이 분단된 지 55년, 이 세월은 우리민족이 역사에서 많은 것을 배우고, 자기 민족의 운명을 스스로 결정할 수 있을 만큼 민족적 자각을 얻기에 충분한 세월입니다. 그동안 남과 북에는 각기 상이한 체제와 이념이 정착했습니다. 남과 북은 피차간에 자기의 체제와 이념을 더 이상 강요해서는 안 됩니다. 민주적인 민족국가에서는 그 지역 주민들 자신만이 자기 운명의 주인이기 때문입니다. 그리고 우리 모두 남과 북이 평화적으로 하나의 '민족국가'를 세우길 원한다면, 쌍방이 서로를 인정존중하고, 화해와 평화공존을 전제로 하지 않고는 있을 수 없다는 사실을 분명히 인식하지 않으면 안 될 것입니다.

제3부

겨레의 하나 됨을 위하여

<시> 민족의 화해와 통일을 위하여

누가 뭐라 해도 우린 한 핏줄,
반만년 이 땅에서 함께 더불어 살아온 동포형제들.

언제 우리가 이웃을 침략했던가?
언제 우리가 이웃을 정복 지배했던가?
우린 헤아릴 수 없는 고난을 겪으면서도,
이 땅에서 고요히 자신을 지키며 살아온 겨레.

우리를 침략하고 우리를 동강낸 그대들이여,
당신들이 우리에게 이념과 사상을 팔고,
제도와 체제를 선전하는 것은 자유다.
그러나 우리에게 싸움질만은 부추기지 말라.

우리는 그대들이 불어대는 전쟁나팔에 춤을 추지 않을 것이다.
우리는 더 이상 꼭두각시가 아니다.

사상과 이념, 제도와 체제 그 모든 것을 넘어,
우리 동과 서 남과 북의 동포들이 화해를 성취할 것이다.
우리의 화해는 민족 자주, 평화, 통일의 진정한 초석임을
반세기의 피나는 역사에서 배웠기 때문이다.
우리는 서로의 다름을 이해할 줄 알고,
서로의 다툼을 대화로 해결할 능력을 얻었다.

군비 증강으로 평화를 지키라며,
동포형제 간의 증오를 부채질하는 무리에게 더 이상 속을 수 없다.
평화는 오직 동포형제 간의 화해에서만 온다는 것을 우리는 똑똑히
안다.
우리는 언제까지나 동포형제 간의 얼빠진 싸움질을 계속할 수 없다.

어제의 미움과 증오는 이 땅에서 당장 물러가라.
황금에 눈먼 무기장사들은 얼씬도 하지 말라.
유황냄새 나는 살상무기는 몽땅 거두어, 이 땅에서 영원히 사라져라.

그렇게 우리는 제정신 차리고,
동포형제의 얼굴을 다시 한 번 보자.
이제 우리는 서로를 사랑으로 얼싸안고,

더덩실 화해통일의 기쁨 춤추자.

그리고 다시는 갈라짐 없이,

이 땅에서 영원히 함께 더불어 평화롭게 살자.

– 2000. 8. 27.

6 · 25전쟁의 교훈과 21세기 우리 민족의 과제

1. 6 · 25와 7 · 27을 잊지 말자

매년 6월이 되면, 우리는 "6 · 25를 잊지 말자"는 말을 자주 들어 왔습니다.

"아아 잊으랴? 어찌 우리 그날을, 조국의 원수들이 짓밟아 오던 날을……" 이런 노래를 부르며 성장하신 분이 여기에도 많이 계실 것으로 생각합니다. 오늘 이 자리를 마련한 것도 "6 · 25를 잊지 말자"는 같은 뜻인지도 모르겠습니다. (오늘 모임은 향린교회 희청, 청신, 새날청년회 공동주관이니 회장님들께서 대답해 주시기 바랍니다.)

그러나 "너희에게 악을 행하는 사람에게 보복하지 말라……. 원수를 사랑하고 너희를 박해하는 사람들을 위하여 기도하라."(마태 5:38-44)고 가르치신 예수님의 제자 되시는 여러분! 여러분은 "6 · 25를 잊지 말자"

는 주장을 어떻게 생각하십니까? 여러분, 우리는 6 · 25를 잊어야 합니까? 잊지 말아야 합니까? (손 한번 들어 보십시다.)

저는 "6 · 25를 잊지 말자"는 주장을 찬성합니다. 어제의 체험을 기억하고, 그 속에서 교훈을 찾지 못하는 백성은 구원을 받기 어렵다고 생각하기 때문입니다.

문제는 사람들이 "잊지 말자"고 외치는 "6 · 25"의 의미 내용이 과연 무엇인가? 하는 점입니다. 여기서 우리는 먼저 "6 · 25"의 의미가 과연 무엇인가? 하는 점을 잠시 생각해 보아야 하겠습니다.

"6 · 25"란, 1950년 6월 25일을 의미합니다. 그리고 1950년 6월 25일은 "한국전쟁"이 시작된 날입니다. 결국 "6 · 25를 잊지 말자"는 말은 "한국전쟁을 잊지 말자"는 말이 아니겠습니까? 그리고 "한국전쟁"은 1950. 6. 25에 시작해서 1953. 7. 27에 휴전이 됐고, 46년이 지난 지금까지 아직도 전쟁종결 처리가 안 된 채 지금도 한반도에서 진행되고 있는 그런 전쟁인 것입니다.

그런데 좀 이상한 것은 "7 · 27을 잊지 말자"는 말은 한 번도 들어본 일이 없습니다. 왜 사람들은 "6 · 25를 잊지 말자"고 하면서도, "7 · 27을 잊지 말자"는 하지 않을까요? 만약 우리가 6 · 25의 역사적 체험에서 교훈을 배워야 하는 것이라면, 우리는 또한 7 · 27의 경험에서도 교훈을 배워야만 할 것입니다.

"6 · 25를 잊지 말자"는 말이, "남과 북이 서로 원수 됨을 잊지 말자"는 말이라면 저는 그것은 "사랑과 용서"를 가르치신 예수님의 뜻에 어그러진다고 생각합니다. 그러나 "동포형제 간의 싸움이 어떤 결과를 가져왔는가?" 하는 6 · 25와 7 · 27 사이의 전쟁체험의 교훈을 잊지 말자는 것이라면, 우리는 결코 그것을 잊어서는 안 될 것입니다.

오늘 우리 교회 청년회가 6·25를 맞아서 이 강좌를 마련한 것도 "6·25에 맺어진 원수를 잊지 말자"는 뜻은 아니었을 것입니다. 6·25에서 7·27에 이르는 동족상잔의 전쟁체험을 잊지 말고, 거기서 교훈을 찾으며, 비극적 민족분단 문제 해결을 위해 우리는 앞으로 무엇을 해야 되는지를 함께 찾아보자는 뜻이었다고 생각하고, 이 자리에 섰습니다.

2. 6·25전쟁의 성격에 관하여

여기서 저는 먼저 6·25전쟁의 성격에 관해서 잠시 생각해 보는 것이 순서라고 생각합니다. 1950. 6. 25-1953. 7. 27 사이 한반도에서 진행된 전쟁을 남에서는 "6·25동란"이라 하고, 북에서는 "조국해방전쟁"이라 합니다. 외국인들은 이 전쟁을 Korean War라고 부릅니다. 이러한 호칭의 차이는 이 전쟁에 대한 인식 차이를 나타내는 것이기도 합니다.

"6·25동란"이란 6·25를 내란으로 보는 관점이며, "조국해방전쟁" 이란 말은 6·25를 식민지의 반제 민족해방운동으로 보는 관점입니다. 외국인들은 이 전쟁의 성격을 깊이 따지지 않고, Corea 땅에서 일어난 전쟁이라 하여 "Korean War"라 부르고 있을 뿐입니다.

"6·25전쟁"을 내전(內戰)으로 보든, 국제전(國際戰)으로 보든, 시각의 차이는 있지만, 그것은 모두 잘못된 호칭이라 할 수 없을 것 같습니다. 왜냐하면, 6·25전쟁은 "내전"으로 시작하여, "국제전"으로 확대된 전쟁이었기 때문입니다. 6·25전쟁 때, 미국이 개입하지 않았다면, 이 전쟁은 내전으로 끝났을 것입니다. 그러나 미국이 이 내전을 유엔에 상정하여 대한민국에 대한 "침략전쟁"이라고 규정하고 스스로 개입했기 때문에 국제전으로 변했던 것입니다.

"내란" 또는 "내전"이란 한 국가 내 국민 간의 계급적 또는 지역적 무력 충돌이 일어난 경우이고, "전쟁" 또는 "국제전"이란 국가와 국가 간의 무력충돌을 의미합니다. 1950년 6·25 당시 "대한민국"과 "조선민주주의인민공화국"이 한반도의 남과 북에 엄연히 존재했다고 보면, 6·25전쟁은 국가 간의 전쟁이 분명합니다.

그러나 남·북 쌍방 당국은 자기 정부가 "한반도의 유일한 합법 국가 정부"임을 자처하고, 상대방을 "반란집단" 또는 "외세의 괴뢰집단"으로 취급하였습니다. 현실적으로는 엄연히 두 개 국가였지만, 한반도를 놓고 남·북의 두 정권이 자본주의 고수와 사회주의 지향이라는 이데올로기적 대립관계를 가지고, 패권투쟁을 벌였기 때문에, 계급투쟁적 성격과 한반도에 대한 패권투쟁이라는 성격을 아울러 갖고 있었던 것입니다. 따라서 6·25전쟁의 무력충돌은 계급투쟁이며, 동시에 패권투쟁입니다. 그리고 "내전"이면서 동시에 "국제전"이라는 이중적 성격을 갖게 되었던 것입니다.

그러나 6·25전쟁을 계급투쟁으로 보든, 패권투쟁으로 보든, "내전"으로 보든, "국제전"으로 보든, 그것이 인간집단들 사이의 갈등을 "무력의 힘"으로, 즉 폭력적, 무력적 방법으로 해결하려는 "무장충돌"이었다는 점에서 아무 차이가 없습니다. 1945년 8·15 후의 한반도의 남북분단은 우리 민족의 의사와는 무관하게 미·소에 의한 한반도 남·북 분할점령으로 이루어진 것입니다.

그리고 6·25전쟁은 이와 같은 민족분단을 "무력의 힘"에 의해 해결하려는 시도의 결과였습니다. 소련 탱크의 힘으로 문제를 해결하려고 하였든, 미국 비행기의 힘을 빌려 문제를 해결하려 하였든, 민족분단

문제를 "무력의 힘"으로 해결하려 하였다는 점에서, 1950년대 이래 남북 쌍방 정권의 입장은 아무것도 다를 것이 없었습니다.

그러나 6·25전쟁은 그 어느 쪽에도 승리를 주지 않은 채, 1953년 7. 27 휴전협정을 초래하고 말았습니다. 북측에도 남측에도, 중국 측에도 미국 측에도 헤아릴 수 없이 많은 생명과 재산의 희생을 초래했지만, 하나님은 그 어느 쪽에도 승리를 안겨주시지 않았습니다. 그리고 남과 북은 오늘날까지 지난 반세기 동안, 냉전이라 불리는 "적대적 군비경쟁"을 하면서, 상대방에 대한 타도의 기회를 노리면서 한반도에서 패권투쟁을 계속해 왔습니다.

저는 하나님께서는 우리에게 6·25전쟁이 7·27로 끝날 수밖에 없었던 역사적 사실 속에서 교훈을 찾기 원하신다고 믿습니다. 사람들이 역사에서 교훈을 찾아 회개하고, 하나님의 뜻에 합당한 길로 나오면 살게 하시고, 역사에서 교훈을 배우지 못하고, 계속 하나님의 뜻에서 멀어지면, 하나님은 강권으로 심판의 역사를 집행하실 수밖에 없다는 것이 성서의 가르침이라고 믿기 때문입니다. 성서는 우리에게 하나님은 인자하셔서 우리의 잘못을 용서하시고, 또 성내기를 더디 하시는 분이라고 가르치고 있습니다. 그러나 6·25전쟁과 7·27로부터 45년 이상의 세월이 흐른 지금까지, 우리는 과연 무엇을 했습니까. 그동안 우리를 참고 지켜보고 계신 하나님께서는 오늘의 우리를 어떻게 생각하고 계실까요? 그리고 여러분은 다가오는 21세기에 우리가 과연 무엇을 해야 옳을 것으로 생각하십니까? 우리는 지금 이 문제를 심각하게 생각해 보아야만 하는 처지에 놓여 있습니다.

3. 연평도 무장충돌사건의 의미는 무엇일까?

일전, 연평도 앞바다에서 남북 경비정 간에 무력충돌이 있었습니다. 지난주 정권모 목사님께서는 "손바닥만 한 구름 한쪽에서 역사의 징조를 읽어야 한다"고 하셨는데, 여러분은 구름 한쪽 같은 이 사건에서 무엇을 보셨나요?

"호전적이고 침략적인" 북측이 대한민국의 "영해를 침범"했기 때문에, 남한 해군함정이 박치기로 밀어내려 했다. 그런데 북측이 먼저 총을 쏘았기 때문에 정당방위 차원에서 우리도 응사해서 상대방의 경비선을 침몰시켜 북측에 본때를 보여주었다. 이렇게 볼 때 북측이란 어제나 오늘이나 변함없는 "침략자", "전쟁도발자" 즉 "악마"이고, "우리는 정당방위를 했을 뿐이니, 당연히 잘한 일이다"라고 생각하고 계시지 않습니까?

저는 이번 해상 무장충돌과 관련된 언론 보도 내용을 대체로 사실이라 믿습니다. 그러나 이와 같은 보도를 보면서 북측은 여전히 변함없는 악당 즉 "악마"이고 남측은 전적으로 정당했다는 결론을 내리는 데는 몇 가지 문제가 제기될 수 있다고 생각합니다.

첫째, 북측은 과연 이번에도 "호전적이고 침략적인 악당"이기 때문에 남한의 영해를 침범하는 무력도발 사건을 일으킨 것인가?

둘째, 북측의 경비정이 대한민국의 "영해를 침범했다"는 말은 의심할 바 없이 정당한 주장인가?

셋째, 과연 누가 먼저 공격을 했는가? 북측 경비정이 먼저 총을 쏜 것은 그들이 변함없이 "호전적"이기 때문인가? 해상에서 상대방 배에 대해 박치기 공격은 먼저 해도 되지만, 총을 먼저 쏜 자는 죽여 버려도 좋은 것인가? 차례로 생각해 보기로 합니다.

첫째, 만약에 북측 경비정이 단순하게 출어 중인 북한의 꽃게잡이 어선을 보호하기 위해서 그 지역에 출동하였던 것이라면, 이것을 가지고 "호전적이고 침략적인 도발"이라고 단정하는 것이 무리는 아닐까요? 북측 경비정이 그 해역에 출현한 것은 과연 그들이 대한민국에 대한 무력공격을 목적으로 했던 것이 분명한 것입니까?

둘째, 북측 경비정이 대한민국의 "영해를 침범했다"는 주장은 과연 정당합니까?

대한민국 헌법상 한반도와 부속도서가 모두 대한민국의 영토입니다. 따라서 "평양"도, "해주"도 대한민국 영토인데 남북 당국 간에 영토나 영해 침범을 말하는 것은 그 자체가 좀 우스운 일이 되는 것이 아닙니까?

그리고 남측에서 말하는 북방한계선(NLL)이라는 것은 휴전협정에서 쌍방이 동의한 것이 아닙니다. 1953년 휴전 후 유엔군 사령관이 휴전협정에서 합의하지 못한 것을 일방적으로 선포한 것입니다. 과거 이승만 대통령이 동해바다에 "이승만 라인"이라는 선을 일방적으로 선포하고, 그 선을 넘는 일본 어선을 우리 경비정이 나포한 일도 있었습니다. 이때, 일본 어선 보호를 위해서 일본 경비정이 "이 라인" 안으로 들어왔다면, 이것을 가지고 우리는 일본이 "호전적이고 침략적으로 우리의 영해를 침범했다"고 떠들어대며 박치기로 밀어내는 작전을 했을까요?

이번 연평도 무력충돌 지점은 북한 영토에서 12해리 안에 위치해 있기 때문에, 북측은 국제공법상 그곳이 "북측의 영해"라 주장합니다. 그리고 휴전협상 때부터 유엔군 측은 해상휴전선을 긋자고 했으나, 북측은 끝내 그것을 반대했고, 따라서 휴전협정 조인 때에 그들은 유엔군 측이 주장하는 해상 휴전선에 동의한 바도 없었습니다.

휴전협정 후에 유엔군 측이 일방적으로 선포한 북방한계선이라는 것을 자기들은 인정한 바 없기 때문에, 남측 경비정이 오히려 국제법이 인정하는 자기들의 12해리 영해를 침범한 국제법 위반이었다고 주장하고 있는 것입니다. 미국 국무성 대변인이 남북경비정들의 충돌지점이 "공해상"이라고 했다가, 남한 당국의 항의를 받고 슬그머니 꽁무니를 뺀 이유도 그 해역이 국제법상 북한 또는 남한 영해라고 주장하는 것이 확고한 법적 근거를 갖지 못했기 때문이라고 합니다.

이번 해상충돌 지점은 남한이 점유하고 있는 섬과 북한이 점유하고 있는 육지의 중간지점에서 약간 북측으로 치우쳐 있다고 합니다. 그렇기 때문에, 서로 영해라 주장하는 분쟁해역에 대해서는 쌍방육지의 중간선을 경계선으로 삼는 국제법상의 관례가 있다고 합니다. 이런 관례에 따른다면, 이번 충돌지점은 북측의 영해로 된다고 합니다. 그러나 남측에서는 1953년 휴전 후 유엔군 사령관이 일방적으로 북방한계선을 선포한 데 따라 이루어진 직선기선에 의한 특수한 남한영해라고 주장하고 있다는 것입니다. 어쨌든 이번 무력충돌 해역은 국제법상, 중간 경계선론에 따르면 북측 영해가 되고, 직선 기선론에 따르면 남측 영해가 되는 분쟁해역인 것이 분명합니다.

남측에서는 "남북기본합의서" 위반이라고 주장하기도 합니다. 하지만, 대한민국이 언제 "남북기본합의서"의 국내법적 또는 국제법적 효력을 부여하는 절차를 밟은 사실이 있습니까? "남북기본합의서"에 법적 효력을 부여하기 위한 조치를 한 일이 없습니다. "남북기본합의서"는 한국 국회에서 비준동의 절차를 밟지 않았고, 한국 정부는 국제연합사무국에 등록하는 것도 유보하고 있습니다. "남북기본합의서"에 대해서 법적 효력을 부여하는 절차는 회피하면서 자기가 필요할 때만 "남북기본합의서"가 국제법적 효력을 가질 수 있는 것처럼, 북측이 "남북기본합의서"를 어겼기 때문에 "호전적 국제법행위" 즉 침략행위를 한 것이라고 주장하는 것은 너무도 자기중심적 편의주의적 국제법 해석이 되지 않을까요?

그리고 "남북기본합의서"에 남북불가침의 경계선을 "1953년의 휴전협정상의 군사분계선"과 "쌍방이 관할하여 온 구역"으로 한다고 규정했지만, 지난번 연평도의 분쟁해역에 대해서는 그것이 국제법상 "남한의 관할구역이라"고 주장하기에는 어려움이 있습니다. 그곳이 남한의 "실효적 지배지역"이라고 주장하자면, 남한 당국이 그곳을 점유한 다음 50년간 다른 나라의 이의 제기가 없어야만 합니다. 그런데 이번 연평도 무력충돌지역은 바다이기 때문에 계속 점유할 수도 없고, 점유하고 50년간 이의제기가 없었다고 주장할 수도 없는 형편이기 때문입니다.

셋째, 누가 먼저 공격을 했느냐? 누가 먼저 총을 쐈느냐? 하는 문제입니다.

보도에 의하면, 분쟁해역에서 상대방 배를 먼저 박치기로 공격하기 시작한 것은 남한 경비정이었다고 했습니다. 그리고 이와 같은 박치기 공격에 대해서 먼저 발포를 한 것은 북한 경비정이었다고 합니다. 그래서 남측 함정에서 함포를 쏘아 상대방 배를 침몰시켰다고 보도되었습니다.

그렇다면, 망망대해에서 상대방 배에 대해 먼저 박치기 공격을 감행한 남한 측은 정당했고, 박치기 공격을 받고 먼저 총을 쏜 북측은 부당했기 때문에, 그들은 남측 함포를 맞아 침몰되었어도 남측은 정당했고, 북측은 부당했다는 주장인 것입니다. 이 논리에 따르면, 어떤 사람이 완력에 의한 공격을 받고, 완력으론 당할 수 없다고 생각해서 총을 쏘았다면,

비록 완력공격을 받았어도 먼저 총을 들었기 때문에 죄인이고, 먼저 폭행을 했지만, 먼저 총을 든 것은 아니기 때문에 살인을 했어도 의인이 며 영웅이라는 주장이 가능하게 됩니다.

정말 그럴까요? 해상박치기라는 것은 상대방 선박에게 침몰을 각오하 지 않을 수 없게 하는 물리력 행사임이 분명합니다. 저는 박치기든, 발포 든, 물리적 강제력에 의존해서 동포형제 간의 갈등을 해결하려 하였다는 점에서 남과 북은 분명히 6·25전쟁의 교훈을 잊고 있는 것이라 생각합 니다. 지금 한국 해군은 비록 부상자는 났지만, 북한 경비정을 침몰시켜 버렸다는 사실 때문에 승리를 자축하고 있는 듯합니다. 해군 무력의 열세 때문에, 자기 측 경비정이 침몰당하고도 그 사실조차 제대로 보도 하지 못하면서, 조선인민군 해군의 용감한 전투를 선전하고 있는 북측 당국은 과연 이번 사건을 겪으면서 어떤 생각을 하고 있을 것으로 생각 하십니까?

이번 사건에서 남측은 분명히 우월한 해군력을 과시하는 승리자의 입장에 설 수 있었습니다. 그러나 과연 이 작은 싸움의 승리가 하나님이 축복하시는 대한민국의 종국적 승리를 보장하는 것이 될 수 있을 것으로 생각해도 좋을까요?

서로 자기 측의 영해임을 주장하는 분쟁해역에 상대방의 경비정이 출현했을 때, 우리는 그것을 평화적 대화의 방법으로 해결하려는 충분한 노력을 하였다고 생각하십니까? 더구나 야당과 일부 보수 언론에서는 외무부장관이 북방한계선에 관해 남북 간에 "대화의 용의가 있다"는 발언을 했다고 맹렬한 비난공격을 퍼붓고 있는 실정입니다.

그리스도를 믿는 우리에게 중요한 문제는 하나님이 이 사건을 놓고 남과 북의 우리 민족을 어떻게 보고 계실 것이냐? 하는 것입니다.

저는 이 작은 사건이 현재의 남북관계를 정확히 반영하는 "손바닥만 한 한 조각의 구름" 같은 매우 중요한 사건이었다고 생각합니다. 우리는 기도하면서 조용히 스스로를 돌아보는 것이 필요하다고 생각합니다.

4. 현재의 남북관계는 어디 있는가?

남북 쌍방당국은 6·25전쟁이 7·27로 휴전은 되었지만, 군비를 강화하는 것이 종국적 승리의 길이라는 생각을 가지고 지난 45년간 적대적 군비경쟁을 해왔습니다. 그리고 적대적 군비경쟁과정에서 북측은 재래식 군비경쟁의 어려움에 직면하여, 핵무기, 유도탄, 생화학무기 등 대량살상무기의 개발을 추구하지 않을 수 없었습니다. 지금 미·일·남한의 3자는 윌리엄 패리 미국 특사를 통해서 북측이 대량살상무기를 포기하면, 경제 원조를 하겠다고 제의하고 있는 상태입니다.

이런 상황에서 벌어진 이번 서해 무력충돌 사건이 북측 당국으로 하여금 "미국의 제의를 받아들여, 경제 원조를 받고, 대신 대량살상무기의 개발을 포기해야 되겠다"는 생각을 하게 하는 데 도움이 되었을까요? 저는 오히려 이번 무력충돌 사건은 북측으로 하여금 "재래식 무기에 의한 적대적 군비경쟁 관계의 종식 없이, 대량살상무기의 개발을 포기하는 것은 절대로 자살의 길이다"라는 생각을 굳히는 데 일정한 역할을 하지 않았을까 생각합니다. 그렇기 때문에 이번 사건은 북측이 패리 미국 특사의 대북 제안을 수용하는 데 부정적 역할을 했다고 생각합니다.

이번에 북측은 재래식 무기에 의한 남측과의 적대적 군비경쟁이 무망하다는 것을 실감하지 않을 수 없었을 것이기 때문입니다. 재래식 "무기의 힘"으로 대항할 능력이 없는 약자 쪽이 "너 죽고 나 죽자"는 식의 대량살상무기 개발에 매달리게 되는 것은 당연한 이치입니다. 그렇게 된다면, 과연 하나님께서는 그 무력적 약자가 "너 죽고 나 죽자"는 식의 행동을 하게 되는 것을 어떻게 보실까요? 지난번 페리 미국 특사의 대북 제의에는 북측이 대량살상무기의 개발을 포기하면, 경제 원조를 주겠다는 내용이 있었다고 합니다. 그러나 페리 특사의 대북제의가 한반도 냉전체제 해체에 충분조건은 아니었습니다. 왜냐하면, 미국은 북한에 대해 군사적 적대관계를 종식하기 위해 주한미군의 지위 변경문제를 규정할 북측과의 "평화협정"을 체결하는 문제를 포함시키지 않았으며, 미군을 포함한 남북 쌍방 간 군비경쟁을 종식하기 위한 조치를 취하겠다는 내용도 포함시키지 않았기 때문입니다.

더구나 남측 당국은 "민족적 화해와 남북교류"를 주장하고 있지만, 국방부는 2000~2004년에 걸친 "국방5개년 중기계획"을 발표하고 총 81조 5천억 원을 투입하겠다고 발표한 바 있습니다. 당장 식량 구입할 돈이 없는 북측은 햇볕정책을 말하면서 막대한 국방비의 투입을 발표하는 우리 국방부의 발표를 어떻게 받아들이고 있을 것으로 생각하십니까? 오늘날 남북 간에는 금강산관광이 실현되고, 이산가족 문제의 토의가 진행되지만, 그것은 결코 전쟁 종결과 화해에 기초한 안정된 것이 아닙니다.

페리 특사가 일본 및 남한 당국과 협의 공조해서 북에 제의한 내용은 "북측이 대량살상무기 개발을 포기하면, 대북 경제제재를 완화하고, 북미 북일 수교를 할 수 있다"는 내용이었다고 합니다. 그러나 1950년대 이래 미소 냉전이 한창 치열했던 시기에도, 미소 간에는 국교가 정상적으로 수립되고 있었으며, 경제적 문화적 교류도 진행되고 있었다는 사실을 생각하면, 북미, 북일 수교나 경제 문화적 교류는 필요한 것이기는 하지만, 그 자체가 북측의 생존을 보장하는 것도 아니고, 한반도에서 냉전을 해체하고, 평화를 정착시키는 것을 의미하지도 않는다는 것이 분명한 것 같습니다.

지난번 해상 무력충돌 사건은 한반도에는 아직도 냉전체제가 엄연히 살아 있다는 증거를 보여준 사건이었습니다. 국가 간의 분쟁문제는 "무력의 힘" 또는 "무력의 힘을 배경"으로 해결할 수밖에 없다고 생각하고, "무력의 힘"을 키우는 일에 열중했던 것이 "부국강병"을 주장한 근현대 정치사상이었으며, 그 결과가 20세기 후반의 냉전이었습니다. 그리고 사람들은 그와 같은 무력숭배 사상이 남측 해군무력의 우위와 승리를 담보했다고 자랑스럽게 생각하는 것입니다. 이와 같이 강력한 "무기의 힘"만이 국가 간의 갈등을 해결하는 열쇠라고 생각하는 것이 근현대 정치사상의 핵심이며, 20세기적 사고의 전형이었던 것입니다. 이와 같은 무력숭배적 사고방식에는 남과 북의 차이가 없었습니다.

그리고 이와 같은 사고방식은 지금 21세기를 맞아야 될 우리 민족이 아직도 6 · 25전쟁에서 교훈을 배우지 못하고 있다는 사실을 증명하고 있는 것입니다. 6 · 25전쟁은 우리에게 동포형제 간의 갈등은 "무력의 힘"으로 해결될 수 없다는 교훈을 배울 것을 요구하였습니다. 그러나 우리는 무력숭배 사상에서 벗어날 줄 모르고 적대적 군비경쟁만 일삼으며, 전쟁 종결 처리도 못한 채 45년의 세월을 흘려보냈습니다.

6 · 25전쟁은 아직도 끝나지 않은 "미완의 전쟁"입니다. 우리는 6 · 25전쟁을 잊어서는 안 됩니다. 6 · 25전쟁을 잊는다는 것은 6 · 25전쟁으로 피 흘리고 죽은 수십만 영혼들에 대한 배신이 될 것이기 때문입니다.

그러나 6 · 25전쟁을 잊지 않는다는 것은 그 누구의 원수를 갚기 위해서가 아닙니다. 그 많은 억울한 죽음들의 한을 풀어주기 위해서 6·25전쟁을 잊어서는 안 되는 것입니다. 억울한 죽음들의 한을 풀도록, 21세기 우리 민족에게 하나님이 주시는 사명은 "우리 민족 구성원들이 모두 평화롭게 함께 더불어 사는 하나의 통일 독립 민족국가를 건설하라"는 것이라고 생각합니다. 저는 그 길만이 6·25전쟁에서 죽은 억울한 수십만 영혼들의 한을 풀어 주는 유일한 길이라고 믿기 때문입니다.

5. 어제의 원한을 풀고, 21세기 우리 민족이 나아갈 길

20세기 말, 지금까지의 세계사를 돌이켜 보면서, 어떤 사람은 근현대의 급속한 과학기술 발달이 "세계 문명사의 찬란한 진보"라고 찬양합니다. 그런가 하면, 또 어떤 사람은 과학기술의 발달에 의한 현대 문명은 생태계의 파괴와 환경오염 핵전쟁의 위험 등 여러 가지로 "인류 종말의 위기"를 초래하였다고 비판합니다.

존경하는 여러분, 크리스천인 여러분은 현대 문명을 어떻게 평가하고 계십니까? 목수의 아들이신 예수님이 지금 다시 이 지구촌에 재림하신다면, 과학기술의 발달이 초래한 여러 가지 문명의 결과들을 보시면서 어떤 말씀을 하실 것이라고 생각하십니까?

문명 발달의 핵심은 "도구"와 "무기"의 발달입니다. 그리고 "도구"란 인간이 자연을 정복하기 위한 수단이며, "무기"란 인간이 다른 인간을 정복하기 위한 수단입니다. 인간이 자연에 순응하려고 할 때, "도구"는 필요치 않으며, 사람이 다른 사람의 의사를 존중 순응하려고 한다면, "무기"가 필요하지는 않습니다. 그러나 그것이 자연이든, 인간이든 어떤 대상을 자기의 지배하에, 즉 자기 마음대로 하고자 한다면, 그 수단으로 "도구"나 "무기"가 필요하게 되는 것입니다.

오늘 제 말씀은 6·25전쟁과 관련된 것이기 때문에 자연을 정복하기 위한 "도구"와 관련된 문제는 논외하려고 합니다. 오늘 6·25전쟁과 관련된 문제는 "무기"입니다. 6·25전쟁이란 동포형제 간의 이견과 갈등을 "무기의 힘"으로 해결하려고 시도했던 사건인 것입니다. 그리고 그와 같은 시도는 "7·27" 휴전협정을 초래한 채 46년이란 세월이 흐른 지금까지도 종결을 보지 못하고 있습니다.

존경하는 향린의 형제자매 여러분! 우리는 "보다 좋은 무기", "보다 많은 무기"를 가지는 자가 한반도를 지배하게 된다는 "무기"숭배의 그릇된 생각 때문에 하나님의 뜻에서 멀어지기만 하고 있는 것이 아닐까? 생각해 보아야 하지 않을까요? 그리고 그와 같은 "무기"숭배 사상이 20세기까지의 문명사를 지배했으며, 우리 민족으로 하여금 반세기에 걸친 적대적 군비경쟁과 패권투쟁을 청산할 수 없게 한 것이라 생각합니다.

지난번 연평도에서 남북 해안경비정 간의 무력충돌이 일어난 것도 그 어느 쪽이 "악마"이기 때문이 아니라, 우리 모두가 낡은 시대의 무기숭배 사상을 탈피하지 못했기 때문입니다. 그리고 앞으로도 "보다 우수한, 보다 많은 무기" 확보가 문제 해결의 길이라는 낡은 시대사상을 청산하지 못하는 한, 또 언제 어디서 "무력의 힘"에 의해서 궁지에 몰리는 쪽이 "너 죽고 나죽자" 식의 극한적 무력행사를 시도하게 될지도 모르는 상태는 계속될 것입니다. 이런 상태에서, 지금 한반도에 비록 총소리는 없어도, 결코 평화가 있는 것으로 착각해서는 곤란한 것입니다.

저는 그리스도께서 우리에게 가르치신 삶의 길은 동포형제 간의 모순 갈등을 보다 좋은 "무기의 힘", 보다 강력한 외국 "무력의 힘"에 의지해서 상대방을 굴복시키는 길이 아니었다고 확신합니다. 6·25전쟁은 7·27을 초래했고, 그 후 45년간 진행한 적대적 군비경쟁은 북측에 빈곤과 기아, 남측에 빚더미와 많은 실직자를 초래했을 뿐입니다. 그리고 우리가 계속해서 "무기의 힘"으로 민족문제를 해결하려고 한다면, 우리는 자칫 너와 내가 함께 더불어 죽음의 길로 갈 수밖에 없다는 사실을 깨달아야만 할 때가 되었다고 확신합니다. 하나님은 우리에게 동포형제 간의 모순 갈등은, 보다 우수하고 보다 많은 "무기의 힘"이 아니라, 오직 "사랑의 힘", "역지사지(易地思之) 할 줄 아는 이성의 힘"으로 해결할 것을 요구하고 계시다고 확신하기 때문입니다.

저는 이 땅에서 스스로 크리스천임을 자처하면서도 상대방을 "악마"시하면서, "보다 많은 무기, 보다 우수한 무기"의 확보가 그 악마를 이길 수 있는 길이라고 여기며 적대적 군비경쟁을 촉구하거나, 또 그와 같은 군비경쟁 과정에서 무기 판매로 돈을 벌기 위해서, 동포형제 간의 적대 관계의 증폭과 군비경쟁을 부추기는 발언을 하는 사람은 크게 회개해야만 한다고 생각합니다. 예수님께서는 21세기를 맞는 우리 민족에게 "검을 쓰는 사람은 검으로 망한다."(마태 26:52)고 말씀하고 계시다고 믿기 때문입니다.

사랑하는 향린의 젊은이 여러분! 여러분은 바로 21세기 이 민족의 역사를 담당하실 주인공이십니다. 손바닥만 한 한 조각의 구름을 보고, 지금 하나님께서 우리에게 원하는 바가 과연 무엇인지 그 징조를 정확히 알 수 있는 지혜를 허락해 주시도록 열심히 기도해 주시기를 간절히 바랍니다.

'통일 민족국가'가 지향해야 할 정치경제체제

인류사는 20세기 말 소련의 해체와 동유럽 여러 나라들의 체제 변화 그리고 세계화의 진전 등 역사적 격동기를 맞아, 마치 방향감각을 상실한 듯한 느낌을 주고 있습니다. 아니 많은 사람들은 미국을 중심으로 하는 세계 자본주의체제가 사회주의체제와의 체제경쟁에서 완전히 승리하였다고 보고 있습니다. 그래서 어떤 사람은 이런 상태에서 '사회주의'를 고집하는 것은 더 이상 '진보'가 아니라, 오히려 '시대착오적 보수'에 불과하다고 단언하기에 이르렀습니다. 그런 사람들은 사회주의는 종식을 고하고, 자본주의는 전 세계에서 영원한 인류의 경제체제로 자리 잡게 된 것이라 믿기 때문입니다.

그리고 이런 세계사의 흐름 속에서 Corea의 남과 북은 국가 정상들이 만나서 '6·15남북공동선언'을 채택하고, "나라의 통일 문제를 남측의 연합제 안과 북측의 낮은 단계의 연방제 안이 서로 공통성이 있다는 것을 인정하고, 앞으로 이 방향에서 통일을 지향한다"고 선언한 것입니다.

그렇다면, '6·15남북공동선언'이 인정한 남북 쌍방 통일방안의 '공통성'이란 과연 무엇이며, 이 '남북공동선언'이 지향하는 통일 민족국가의 정치경제체제는 과연 어떤 것이 된다는 뜻일까요? 현재 남북 쌍방에는 상이한 정치경제체제가 존재하고 있는 것이 사실입니다. 그런데 이렇게 상이한 정치경제체제가 그대로 존속하는 '1국가 2체제'는 과연 얼마 동안이나 존속 가능한 것일까요? 만약 존속 가능하지 않다면, 어느 쪽의 체제가 어떤 방향으로 어떻게 변화해야 된다는 것일까요?

이 글은 현재 우리에게 제기되고 있는 이런 물음들과 관련하여, 먼저 통일 민족국가의 경제체제에 관해서 다루고, 다음에 우리의 통일 민족국가가 지향해야 할 정치체제에 관해서 함께 생각해 보려는 것입니다.

1. '6·15남북공동선언'이 추구하는 '1국가 2체제' 통일의 길

'6·15남북공동선언' 제2항은 남과 북이 서로 자기들의 통일방안과 상대방의 통일방안에 공통성이 있다는 것을 인정하고 있습니다. 그렇다면, 남북공동선언이 인정한바 '남측의 연합제 안'과, 북측의 '낮은 단계의 연방제 안'이 가지는 공통성이란 과연 무엇인가요?

첫째, 이 두 가지 통일방안이 가지는 공통성은 그것이 모두 '복합국가식 통일방안'이라는 점입니다. '복합국가식 통일방안'은 기존하는 두 개 이상의 국가적 실체가 서로의 국가적 실체를 인정 존중하며, 평화적 공존관계를 가질 것을 전제로 합니다. 기존하는 두 개 이상의 국가가 서로 상대방의 국가적 체제를 타도하려는 패권투쟁을 하는 상태에서는 '국가연합'도 '연방국가'도 성립할 수 없기 때문입니다.

둘째, 따라서 이 두 가지 통일방안은 통일된 하나의 '민족국가'를 수립하되, 일시에 단일한 정치경제체제를 수립하려는 것이 아니라, 현재의 서로 다른 체제를 인정하면서, 과도적 '1국가 2체제'를 수용하는 통일방안이라는 공통성이 있습니다.

그러나 우리에게 문제로 되는 것은, 남과 북이 잠정적으로 서로 상이한 체제를 가진 국가적 실체를 인정 존중하면서, 복합국가식으로 통일을 지향한다는 것은 좋으나, 과연 언제까지 '1국가 2체제'를 유지하려 하는 것이며, 또 그 뒤의 통일 민족국가는 어떤 정치경제체제를 가지게 될 것으로 상정하고 있는가? 라는 의문점이 남게 되는 것입니다.

우리는 민족의 화해와 통일 단결을 위해서 흔히 "사상과 이념, 제도와 체제의 차이를 넘어" 민족통일을 추구해야 된다고 말합니다. 이 말은 비록 사상과 이념이 다른 사람일지라도 같은 민족인 동포형제들은 한 사회 안에서 평화롭게 함께 더불어 살아야 하며, 또 함께 더불어 살 수 있음을 강조하기 위해서 사용되는 말입니다. 저는 이것이 전적으로 옳은 말이라고 생각합니다.

그러나 실제로 한 '나라' 안에서 정치경제체제의 통일 없이, 서로 상이한 남과 북의 현재 체제를 과연 언제까지나 이대로 영속할 수 있다고 볼 수 있을까요? 만약 '1국가 2체제'를 항구적인 것으로 추구한다면, 우리의 '통일 민족국가'란 동일한 정치경제체제를 가지는 '체제의 통일'은 포기하는 것을 의미하게 됩니다. 그렇지 않다면, '1국 2체제'를 주장하는 사람들이 내심으로는 일정한 과도기를 통해서 자기 측의 정치경제 체제가 전국적 범위로 확대될 것이라는 신념을 여전히 가지고 있으면서도, 전략적 필요에 의해서, 잠정적으로 평화적 '1국가 2체제'를 주장하는 책략을 쓰고 있을 뿐인 것으로 이해되는 것입니다.

만약에 "남측의 연합제 안과 북측의 낮은 단계 연방제 안이 서로 공통성이 있다는 것을 인정"한 '6·15남북공동선언' 제2항의 내용이 남북 쌍방의 현존 체제를 영구히 이대로 유지하자는 것이라면, 이는 통일 민족국가를 수립하려는 '통일방안'으로 인정하기보다는, 오히려 현상을 고착화하려는 '영구분단방안'에 합의한 것으로 볼 수밖에 없을 것입니다.

그리고 또 만약에 이 '6·15남북공동선언'이 실제로는 자기 측 체제를 그대로 상대방까지 확장하기 위한 일시적 책략에 불과한 것이라면, 이는 남북 쌍방이 지난 반세기 동안 추구했던 상대방 체제를 타도하고, 자기 체제를 상대방 지역까지 확장하려는 적화 또는 흡수통일방안을 아직 그대로 고수하는 것이라 말할 수밖에 없을 것입니다.[1]

1. 실제로 그동안 남과 북은 상대방이 주장하는 '연합제' 안이나 '연방제' 안은 영구분단 또는 흡수통일 음모라든가, 적화통일을 위한 전략에 불과하다며, 그것을 반대해 왔으며, 심지어 상대방의 통일방안을 찬성하는 사람은 이적행위를 한 것이라고 형사 처분까지 했고, 그와 같은 형벌법규는 아직도 실정법으로 살아 있다.

그리고 남북 쌍방 사회 속에는, 아직도 남북 간의 긴장을 완화하고, 다방면의 교류를 실시하는 것은 타도해야 할 상대방 정권을 연명하게 할뿐이라는 생각을 갖고 있는 사람들도 많이 있다. 반면 '6·15남북공동선언'을 지지하는 사람들 중에 도 위와 같은 주장에 대해서는 현실과 전략을 모르는 사람이라고 생각하며, 긴장 완화와 다방면적 교류가 오히려 상대방의 체제를 흡수 타도 할 수 있는 빠른 길임을 믿고 있는 사람도 있을 수 있다.

그러나 나는 쌍방 당국의 주관적 장기적 의도가 무엇이든, 최소한 '6·15남북공동선언'이 일정 기간은 일단 남북 쌍방의 평화적 공존을 전제로 하고 있기 때문에, 동족 간의 파멸적 충돌을 막을 수 있고, 통일 문제를 평화적으로 해결할 수 있는 가능성을 열어 놓았다는 점에서 중대한 의미가 있다고 생각한다.

특히 사회주의 국가 '소련'이 해체되고, 동유럽과 중국에서 사회주의 체제가 자본주의화의 길을 걷게 되면서, 이것이 사회주의의 종말을 의미하는 것으로 평가하는 사람들은 아마도 내심으로는 '6·15남북공동선언'은 북측의 일당 사회주의 체제를 조용히 서방체제에 동화(소위 연착륙)시키는 방법의 하나쯤으로 인식하고 있을 것이 분명합니다.

그리고 사회주의 경제체제를 완고히 고집하는 사람들은 내심으로 진보적 사회주의가 비록 현재 어려움을 겪고는 있지만, 결국은 구미 자본주의 체제가 파산하는 것을 기다리며 숨고르기를 할 수 있는 시간을 벌기 위한 전략으로 '1국가 2체제'를 주장하는 것이라고 이해하고 있을 것이라 생각됩니다.

그렇다고 해서 제가 당장 남북 간 '체제의 통일'을 주장하려는 것은 아닙니다. '체제의 통일'은 서두르지 말아야 할 것이라 생각합니다. 그렇지만, 결코 포기할 수 있는 것이 아니라는 사실을 정직하게 말하고 싶을 뿐입니다. 다만 제가 주장하고 싶은 것은 남과 북에 현존하는 정치경제체제 중 어느 하나를 우리가 양자택일할 수밖에 없는 것은 아니며, '자본주의'니 '사회주의'니 하지만, 그것이, 추상명사가 말하는 것 같이, 그렇게 단색의 실체는 결코 아니라는 것입니다.

왜냐하면, 사회경제체제란 역사 속에서 부단히 변화하는 것이며, 또 자본주의나 사회주의라는 것도 결코 양자택일을 강요할 수 있을 만큼 단순한 것이 아니라, 매우 다양한 편차를 지닌 사회경제체제이기 때문입니다. '자본주의체제' 또는 '사회주의체제'라고 하지만, 역사 속에 실재했던 사회경제체제는 그 발전단계와 나라에 따라 그 실상이 각기 다른 것이었습니다.

따라서 '6·15남북공동선언' 제2항이 지향하는 통일국가의 형태를 남북의 영구분단을 의미하는 '항구적 1국가 2체제'로 이해하지 않는다면, 우리는 앞으로 통일된 민족국가가 갖게 될 정치경제체제에 대해 보다 분명한 청사진을 제시해야 될 것입니다. 무릇 건축물은 건설 시공에 앞서 확실한 설계도와 공정도를 가지는 것이 필수적이듯, 우리가 통일 민족국가를 건설함에 있어서도, 우리가 제정해야 할 통일헌법 속에는 어떻게든 통일 민족국가의 정치경제체제를 규정해야만 하고, 그 실천방도를 분명하게 제시하지 않으면 안 될 것이기 때문입니다.

이는 즉, 우리의 '통일 민족국가' 건설이란 현존하는 '대한민국'과 '조선민주주의인민공화국'을 통합된 하나의 국가로 건설하는 것이기 때문에, 현재 남북 쌍방이 지니고 있는 상이한 정치경제체제를 서로 어떤 방향으론지 변화시켜, 결국은 하나의 정치경제체제를 창조하는 것이 필수적임을 말합니다. 따라서 저는 남북 쌍방이 각기 자기 체제를 변화시켜 나가야 할 방향을 분명하게 인식하지 않으면 안 된다고 생각합니다.

2. 남과 북의 경제체제가 걸어 온 길과 '제3의 길'

우리는 보통 남측의 경제체제를 자본주의 경제체제라 하고, 북측의 경제체제를 사회주의 경제체제라 합니다. 그리고 현재 남측의 경제체제가 자본주의적 개방경제의 특징을 갖고 있으며, 북측의 경제체제가 사회주의적 민족경제라는 특징을 갖고 있어, 남과 북이 상당한 차이점을 갖고 있는 것도 사실입니다. 현재 우리가 남과 북의 경제체제를 자본주의체제와 사회주의체제로 구분하는 가장 중요한 본질적 기준은 생산수단의 소유형태입니다.

생산수단이 남측에서는 사적 소유가 지배적이며, 북측에서는 사회적 소유, 즉 국가적 소유 또는 집단적 소유가 지배적입니다. 그리고 개방경제냐 민족경제냐 하는 것도 외국자본에 대해서 자국 내의 생산수단 소유를 어느 정도 허용하느냐 아니냐 하는 것이 기준이라 할 수 있습니다. 따라서 생산수단의 지배적 소유형태가 사적 소유냐 사회적 소유냐의 차이에 따라, 경제는 시장 지배적이냐 국가 지배적이냐 하는 차이가 생기게 됩니다. 오늘날의 남과 북에서 보는 바와 같이 생산수단이 사적 소유인 경우에는 생산과 소비, 저축과 투자를 결정하는 주체가 주로 개개인과 개별기업이 되지만, 생산수단이 사회적 (현실적으로는 주로 국가) 소유일 경우에는 그 결정 주체가 주로 국가로 될 수밖에 없기 때문입니다.

그렇다고 남북 쌍방의 경제체제가 1948년 남과 북에 두 개의 분단국가가 수립된 이후 50년 동안에 결코 동일한 상태에 머물러 있었던 것은 아닙니다. 1948년 당시 남과 북은 일제 강점기의 경제체제를 그대로 물려받아 출발했습니다. 1945년 8·15 당시 남과 북은 경제체제에 별다른 차이가 없었습니다.

대한민국과 조선민주주의인민공화국은 똑같이 중요한 생산수단이었던 토지는 대부분 사적 소유였으나, 그 절반 이상이 반봉건적인 지주·소작관계 하에 있었으며, 남과 북의 철도, 은행, 대규모 제조업 공장 등 주요 산업시설은 조선총독부 또는 일본인 소유였습니다. 그렇기 때문에 소작관계 하에 있는 토지에 대해서는 경자유기전(耕者有其田)의 원칙에 따라, 경작자인 농민에게 분배해 주어야 한다는 정책방향에 대해서는 좌우익을 막론하고 별 이견이 없었습니다.

그리고 조선총독부나 일본인 소유의 재산이었던 철도, 은행, 대규모 제조공장 등은 8·15 이후 모두 대한민국 또는 조선민주주의인민공화국의 국가적 소유로 해야 된다는 점에 대해서도 별 이견이 없었습니다. 따라서 대한민국과 조선민주주의인민공화국은 자연스럽게 나라의 주요산업을 국유로 하였으며, 헌법에도 중요한 자연자원이나 주요산업을 국유로 한다는 규정들을 둘 수 있었습니다.[2]

그러나 그 후 남과 북은 서로 다른 방향으로 생산수단의 소유형태를 변화시켜 나갔습니다. 남측에서는 국유 또는 국가가 관리하던 생산수단들을 점차 국내외의 개인 자본가의 소유로 변화시켰으며, 북측에서는 개인소유이던 생산수단들을 점차 집단적 소유 또는 국가적 소유로 전환시켜 나갔습니다. 남과 북은 일제 강점기에 물려받은 경제체제를 가지고, 남은 개인적 소유를 확대하는 방향으로, 북은 사회적 소유를 확대하는 방향으로, 서로 다른 방향으로 체제의 변화를 추진했던 것입니다.

그렇기 때문에 자본주의 지향의 우익과 사회주의 지향의 좌익은 한 나라의 경제체제를 놓고, 정면으로 반대의 입장에 설 수밖에 없었으며, 자기가 지향하는 경제정책 방향을 절대화하는 이상, 남과 북은 경제정책 방향이 서로 정면충돌하는 비극을 연출할 수밖에 없었던 것입니다. 그러므로 '남북공동선언'이 선언한 대로 상대방의 체제를 서로 인정·존중하면서 통일을 지향하려 할 경우, 지난 반세기 동안 서로 정반대의 방향으로 달려와서 이루어 놓은 오늘의 상이한 경제체제를 놓고, 어떻게 하나의 같은 체제를 창출할 수 있을 것인가라는 의문이 제기될 수밖에

----

2. 1948년 당시의 대한민국 헌법 제6장 제84-89조 및 조선민주주의인민공화국 헌법 제1장 제5-10조. 그리고 대한민국 임시정부 헌법안 참조.

없는 것입니다.

그리고 이 의문에 대해서 어떤 사람들은 현재 북측에서 국가적 소유 또는 협동적 소유로 있는 생산수단들을 모두 사유화하자고 주장할 것이며, 어떤 사람들은 현재 남측에서 국내외 개인 재벌들에 의해서 사적 소유로 되어 있는 주요 산업시설들을 사회화해야 된다고 주장할 것입니다. 이렇게 되면, 생산수단의 소유형태를 놓고 벌어졌던 지난날의 좌우익 갈등은, 비록 '1국가 2체제'가 유지되는 당분간은 잠복해 있을지라도, 결국은 장차 갈등이 다시 표면으로 부상할 수밖에 없게 될 것입니다.

그렇기 때문에, 좌우익의 갈등 속에서 '제3의 길'을 찾는다며, 주로 서유럽식 '사회민주주의체제'나 '복지사회체제' 등을 대안으로 생각하는 사람들도 있을 것입니다. 그러나 서구식 '복지사회체제'는 이미 많은 학자들에 의하여 다음과 같은 몇 가지 문제점들이 지적되고 있습니다.

첫째, 광범한 사회보장제도의 실시를 위해서는 막대한 재정의 투입이 불가피하기 때문에, 자본 축적이 부족하고, 그래서 자본 경쟁력이 약한 나라에서는 채택할 수 없는 제도다.

둘째, 광범한 사회보장제도의 실시는 그 나라 사람들의 치열한 경쟁 의욕을 박탈하고, 드디어는 삶의 의욕을 상실하게 하는 소위 '복지병'을 초래케 한다.

셋째, '복지사회체제'란 인간 불평등을 해결하는 것이 아니라, 가진 자에 의한 '시혜'로 자본주의적 '불평등제도'를 영속시키려는 제도에 불과하다는 지적 등입니다.

그런데 오늘의 남북관계에 비추어 볼 때, 우리의 통일 민족국가가 '복지사회체제'를 추구하려면, 이는 사회적 소유로 되어 있는 북측의 생산수단들을 사적 소유로 전환시키고, 남측의 사회보장제도를 대폭 확장하는 것을 요구하게 됨을 의미합니다. 그러나 과연 남측 자본가들이 사회보장제도를 대폭 확충하고, 그 혜택을 소득수준이 낮은 많은 북측 주민들에게도 나누어주기 위해 과거에 비해 훨씬 많은 조세를 부담할 의지가 있을지? 또 그렇게 하고도 개방체제 하의 경쟁을 치를 능력이 있을지? 하는 것은 매우 의심스럽습니다.

그리고 또 지난 50년 동안 빈부 격차가 없는 평등사회, 외국자본에 종속되지 않은 민족경제를 실현하기 위해서 투쟁했다고 자부하는 북측 사람들 역시, 현재 사회적 소유로 되어 있는 북측 생산수단들을 모두 남측 또는 외국인 자본가들의 손에 팔아 사유화시키고, 그곳 주민들로 하여금 외국인이나 남측 자본의 피고용인이 되게 하거나, 사회보장 혜택이나 받아서 살아가는 처지가 되게 하는 것을 수용할 수 있을지도 의심스럽습니다.

그렇기 때문에, 자본축적이 충분치 않고, 국제경쟁력이 낮은 현재의 남과 북의 경제 형편을 가지고, 이대로 서구식 복지사회체제를 실현하려는 것은 현재로서는 그 실현 가능성이 희박한 것이라 생각됩니다.

3. 통일 민족국가의 경제체제

저는 앞에서 자본주의체제나 사회주의체제라는 것이 단색의 실체가 아니라는 것을 지적한 바 있습니다. 시대에 따라, 나라에 따라, 생산수단은 사적 소유와 사회적 소유, 또 시장 지배적 경제와 국가 지배적 경제가 다양한 비율로 배합되어 있으며, 그 배합비율은 부단히 변화하고 있기 때문입니다.

그리고 생산수단의 사적 소유와 사회적 소유가 혼합된 경우를 가리켜 '혼합경제체제'라고 말하기도 하는데, 사실 현재 지구촌의 국가들은 엄밀히 말하면, 모두 '혼합경제체제'라고 할 수도 있습니다. 생산수단의 사유나 시장 기능이 전혀 없는 나라도 없고, 사회적 소유, 곧 국가적 또는 집단적 소유나, 경제에 대한 국가의 개입이 전혀 없는 완전 자유방임의 나라도 없기 때문입니다.

따라서 한 나라 안에서 어떤 산업을 사적 소유와 시장 기능에 맡기고, 어떤 부문은 사회적 소유와 국가의 개입 조절을 유지하는 것이 적절한가? 생산수단의 사적 소유와 사회적 소유가 차지하는 비율을 어떻게 적정수준에서 자유로이 조종할 수 있는가? 그리고 국가와 시장의 역할을 어떤 수준에서 유지할 것인가? 하는 것이 문제입니다. 왜냐하면, 한 나라의 경제는 시대와 상황, 그리고 산업의 성격에 따라 사적 소유나 시장 지배가 더 적절할 수도 있고, 사회적 소유나 국가의 개입 조절이 더 절실할 수도 있기 때문입니다.

지난 1세기 동안 자본주의와 사회주의는 결코 서로 용납할 수 없는 대립적 경제체제로 인식되었습니다. 그런데 그러한 대립적 인식은 단지 사회적 소유의 확대냐, 아니면 사적 소유의 고수냐 하는, 지향하는 바의 정책 '방향'에서 서로 정반대의 입장을 취했기 때문일 뿐입니다.

그러나 자본주의이든 사회주의이든, 그것들이 모두 '혼합경제체제'라는 점에서는 결코 대립적 체제라고 말할 수 없습니다. 따라서 저는 장차 우리의 통일 민족국가도 일단 '혼합경제체제'일 수밖에 없다고 말할 수 있습니다. 그리고 그 혼합의 정도는 남과 북이 똑같은 정도일 필요도 없으며, 통일 민족국가의 지향이 사유화와 사회화 중 양자택일하는 것일 필요도 없습니다. 필요에 따라 사회화나 사유화를 확대할 수도 있고, 시장경제나 국가 개입 조절을 확대할 수도 있는 "경제체제의 유연성"을 확보하는 일이 중요합니다. 저는 우리 통일 민족국가의 모습과 관련하여 사유화와 시장화의 방향도, 사회화와 국가계획의 방향도 결코 '절대적인 것'으로 경직화해서 생각해서는 안 된다고 생각합니다.

따라서 문제는 어떻게 '경제체제의 유연성'을 확보할 수 있는가 하는 것입니다. 사회화된 생산수단을 사유화하자면, 국·공유 재산을 국가나 공공단체가 개인에게 매각 처분하면 되기 때문에 비교적 용이하다고 말할 수 있습니다. 그렇지만 사유재산을 사회화하자면, 국가나 공공단체는 많은 보상금을 지불하거나, 아니면 공권력에 의해 강제 수용을 할 수밖에 없습니다.

그렇기 때문에 보상금을 지불하자면 자금 부족에 직면하게 되고, 강제 수용을 하자면 기득권자의 저항에 부딪힐 수밖에 없습니다. 폭력혁명의 필요성이 제기됐던 이유도 바로 무리한 사회화를 강행하려 하였기 때문이었습니다. 실제로 어떤 경위로든, 일단 자기 소유로 된 사유재산을 포기한다는 것은 용이한 일이 아닙니다.

역사 속의 신분계급제도란 공권력을 담당할 수 있는 사회적 신분을 특정인들에게만 상속하기 위한 제도였습니다. 그에 비해 자본주의는 개인적 소유재산을 사적으로 상속하기 위해서 소유권을 절대화했던 또 하나의 계급제도였습니다. 그러나 모든 계급제도는 사람들의 불평등을 경제 외적 강제의 힘으로 유지하려는 사회제도로서 갈등을 축적한다는 점에서 다를 바 없습니다. 사람은 누구나 유한한 시간을 살고, 빈손으로 무덤에 가야 합니다. 그럼에도 불구하고 문제는 자기가 사유했던 재산이나 권력·신분을 특정한 자기 자식들에게만 물려주려는 사사로운 욕심에서 불평등한 계급제도가 발생했던 것입니다.

그러므로 한 나라의 경제체제가, 사회 구성원들 사이의 갈등을 원활히 해소할 수 있게 하자면, 그리고 생산수단의 사적 소유와 사회적 소유, 시장 방임과 국가 계획 사이를 쉽게 이동할 수 있는 '경제체제의 유연성'을 가지게 하자면, 저는 "공동상속제도"의 도입이 불가피하다고 주장합니다.[3]

공동상속제도란 "세상에 태어나는 모든 사람은 이 땅의 자연자원과 인류의 역사 문화유산을 가지고 함께 더불어 살아야 하며, 또 살 권리가 있다"는 철학을 기초로 합니다. 사람들 사이에는 능력과 노력 여하에 따라, 이러저러한 차이가 생기는 것이 사회정의에 합당한 것입니다. 그렇지만, 저마다 능력을 개발할 기회의 균등을 보장한 뒤의 경쟁이라야

..

3. 공동상속제 역시 일단 자기소유로 된 사유재산을 포기하라고 강요하는 점에서, 폭력혁명으로 사유재산을 강제 수용하는 경우와 같기 때문에, 폭력혁명의 경우와 똑같은 저항에 부딪힐 것 아니냐? 하는 의문을 제기하는 사람이 있을 수 있다. 그러나 죽은 후에 상속권을 포기하라는 것은 소유권 행사를 제한하는 것이기는 하지만, 살아 있는 사람에게 소유재산을 포기하라는 것과는 결코 같은 것이 아니다. 사람은 누구나 자기 삶에 애착을 갖지만, 죽음 앞에선 체념한다. 그렇듯 사유재산에 집착하지만, 죽음 후의 재산은 체념할 수 있다. 더구나 자기 자녀들의 교육과 공정경쟁을 사회가 보장하는 조건에서는 사유권의 포기에 대한 저항과 상속권의 포기에 대한 저항은 같은 것이 아닐 수 있다. 그리고 상속권을 포기하라고 사유재산의 권한을 제한하면, 재산 축적의 동기가 상실될 것이라고 주장하는 사람도 있다. 그러나 축적 동기가 사적 소유와 밀접한 관계에 있기는 하지만, 사적 상속이 축적 동기의 주요 원인은 아니며, 축적만이 경제발전의 조건도 아니다. 구미제국에서 높은 누진상속세 제도를 실시하고 있으며, 많은 사람들이 자기의 상속재산을 사회에 자진 환원하고 있다는 것은 좋은 참고 사항이다.
   '공동상속제'에 관해서는 김낙중, 「민중적 민족경제 수립의 길」, 『한국경제의 현 단계』, 사계절, 1985, pp. 382~384 / 김낙중, 「민족통일을 내다보는 경제정책」, 『우리시대 민족운동의 과제』, 한길사, 1986, pp. 83~106 / 김낙중, 『사회과학원론』, 한길사, 1986, 제2편 제4장, pp. 207~215 등 참조.

공정한 것이 됩니다. 사람들의 자유경쟁은 능률 향상을 위해 바람직하지만, 경쟁 조건은 삶의 출발선에서 공평하게 주어져야 합니다. 그리고 공동상속제도는 자유롭고 보다 능률적 공정경쟁의 필수조건이며, '사회주의 분배원칙' 실현의 길이기도 합니다.[4]

따라서 장차 우리의 통일 민족국가가 사회적 정의를 실현하고, 또 물적·인적 자원의 효율적 이용을 보장하는 사회로 되게 하자면, 저는 남과 북이 모두 공동상속제를 도입하여 경제체제의 유연성을 확보하는 방향으로 자기 경제체제를 변화하도록 해야 될 것으로 생각합니다.

생산수단의 소유권에 관해 유연성을 가지는 경제체제로 되자면, 남측에서는 우선 누진상속세를 점차 강화하고, 드디어는 사적 상속 허용 재산의 상한액을 정하고 그 초과분을 공동상속기금으로 하여, 해마다 일정 연령에 도달한 청년들에게 자본을 배분하는 제도를 도입하여야 합니다. 그리고 공동상속기금으로 공교육제도를 대폭 확대하고, 사적 상속 허용 범위를 점차 축소해 나가야 합니다.

그리고 북측에서는 각종 생산수단의 운영에 성과배분 제도를 대폭 도입하고, 관료주의에 의하여 경직화된 국가적·집단적 소유 기업체들을 과감하게 종업원 지주회사 또는 주식회사 형태의 사유 기업으로 변화

----

4. 사회주의 분배원칙이란 "능력에 따라 일하고, 그 성과에 대해 정당한 분배를 하는" 것을 말한다. 그리고 사회주의 사회를 건설한다는 것은 사회주의적 분배원칙이 실현된 사회를 건설하는 것을 의미한다. 따라서 생산수단의 국유화, 집단화라는 사회화가 사회주의 분배원칙 실현을 위한 하나의 방편이 되기는 하지만, '사회주의 분배원칙'을 실현하는 절대조건은 아니다. 현실 사회주의가 '국가사회주의'라고 불리고, 또 그것이 '실패했다'는 말을 듣는 이유도 현실사회주의 국가들에서 생산과 저축, 분배를 담당하는 국가 관료들의 비능률과 불공정으로 '사회주의 분배원칙'이 실현되지 못했기 때문이라 생각된다.

시켜야 합니다. 국가는 생산수단의 사유화 과정에서 획득한 기금으로 해마다 일정 연령에 도달한 청년들에게 자본배분제도를 실시할 수 있습니다. 생산수단의 사유화가 진행됨에 따라 시장의 기능은 확대하고, 국가의 개입을 축소하는 방향으로 정책을 바꾸어야 합니다. 물론 사유화된 생산수단은 공동상속제의 원칙에 따라 사적 상속을 제한하고, 해마다 일정 연령에 도달한 젊은이들에게 다시 자본 분배를 실시할 공동상속기금을 마련해 나가야 할 것입니다.

그리고 남측에서나 북측에서나 사적 상속을 허용하는 수준은 매년 국민 대표기관(의회)에서 결정하도록 하고, 그 수준을 넘는 재산은 '공동상속기금'으로 관리하면서 국가나 공공기관이 사회적 필요에 따라 투자 분야와 자본 분배의 수준을 계획적으로 결정하면 될 것입니다.

공동상속제에 의해서 경제체제 변화의 유연성을 획득한 "혼합경제체제"는 언제라도 국민 대표기관에 의해서 생산수단의 사유화, 자유시장화를 확대할 수도 있고, 아니면 생산수단의 사회화, 국가 개입 조절 영역을 확대할 수도 있게 됩니다. 그러면 사회주의 지향이냐, 아니면 자본주의 지향이냐 라는 것을 가지고 머리 터지게 싸워야 할 이유가 없어집니다.

그리고 공동상속제의 도입은 자본축적이 미약한 나라에서나, 과잉축적으로 인한 유효수요가 부족한 나라에서나, 빈부격차가 극심하여 그 극복이 절실한 나라에서나, 한결같이 그 나라 경제의 필요에 따른 가장 적절한 정책을 결정할 수 있는 기회를 국민과 국가 경제정책 당국에게 부여하게 될 것입니다.

4. 통일 민족국가의 정치체제

현재 남과 북은 서로 상이한 정치체제를 유지하고 있습니다. 북측은 '조선민주주의인민공화국' 사회주의 헌법에서 명시하고 있는 바와 같이 "조선노동당의 주체사상을 자기 활동의 지침으로 삼고"(제4조), "프롤레타리아 독재(제10조)를 실시하는" 국가입니다. 따라서 국가의 중요한 정책들은 모두 '조선노동당'이 결정합니다. 이에 반하여 남측은 대한민국 헌법 제7조가 규정한 복수정당제 하에서, 대통령(헌법 제38-61조)과 국회(헌법 제76-101조)가 국가의 주요 정책을 결정하는 국가입니다. 따라서 우리는 남과 북의 정치체제가 서로 매우 다르다는 사실을 솔직하게 인정하지 않을 수 없습니다.

그렇기 때문에 우리가 '6·15남북공동선언' 제2항의 규정에 따라 통일을 추구하려 할 경우, 남과 북은 각기 통일 민족국가의 건설을 위해서 자기들의 현존 정치체제를 어떻게 변화시켜야 할 것이며, 상대측이 어떻게 변화하기를 바라고 있는 것인가? 하는 문제에 대해서 무엇인가 대답을 해야만 합니다. 우선 당분간은 쌍방이 상대방의 정치체제를 서로 인정·존중해서 '1국가 2체제'를 유지한다고 하겠지만, 그것이 영구적인 정책방향이 될 수는 없을 것이기 때문입니다.

지난 반세기 동안 남과 북이 서로 타도를 추구하게 된 이유도 단순한 정치적 패권투쟁만은 아니었습니다. 남측 또는 북측을 지지하거나 반대한 사람들의 마음속에는 상대방 정치경제체제에 대한 선택의 문제가 있었던 것입니다. 1945년 8·15 이후 우리 민족 구성원들이 남북 좌우로 분열한 이유 중에는 남측 또는 북측이 추구하는 정치경제체제에 대한 지지와 반대의 태도가 매우 중요한 비중을 차지했던 것입니다.

그러나 사람들이 지난 50년간 남과 북은 서로 상이한 정치체제의 건설을 추구했으며, 그래서 현재 전혀 상이한 정치체제가 되었다고 생각하고 있음에도 불구하고, 여기에는 하나의 중대한 공통성이 있습니다. 그것은 좌익과 우익, 남과 북을 막론하고 '민주주의 정치'를 추구했다는 사실입니다.

남측의 여러 헌법 규정들은 물론이고, 북측도 국가의 이름 자체가 조선 '민주주의' 인민공화국이라 하지 않았는가요? 북측 헌법 제10조에는 분명하게 '프롤레타리아 독재'를 실시한다고 규정하고 있지만, 그들은 '프롤레타리아 독재'는 다수 인민에 의한 소수 '반민족적 반동'들에 대한 독재이기 때문에 '진정한 의미의 민주정치'라고 주장했습니다. 즉 자본주의 사회에서 소수 부르주아 계급이 돈의 힘으로 권력을 장악한 정치는 그 형식이 어떠하든 소수 자산계급이 다수 프롤레타리아 계급을 폭력으로 지배하는 '자산계급의 독재'라는 것입니다.

이에 비하면 북측의 정치는 대다수 인민의 지지를 받는 '조선노동당'에 의한 정치이기 때문에 진정한, 그리고 '진보적인 민주주의 정치'라고 주장하고 있습니다. 남측 사람들이 이와 같은 주장들을 어떻게 받아들이는가는 별개의 문제입니다. 중요한 것은 그들도 '민'이 국가정치의 주체가 되는 정치, 즉 인민을 위한, 인민에 의한, 인민들이 자기 운명의 주인이 되는 '민주주의 정치'를 이상적인 정치체제로 추구하고 있다는 사실입니다.

따라서 앞으로 통일 민족국가의 정치체제를 생각할 때, 그것이 '민주주의 정치'로 되어야 한다는 점에서는 남측과 북측, 좌익과 우익 사람들 사이에 큰 의견 차이가 있을 수 없다는 점은 다행스러운 일입니다. 문제는 현재 남측의 정치가 과연 얼마나 돈에 의해서 지배되는 금권 정치냐,

아니냐? 이며, 그리고 조선노동당에 의한 북측의 정치가 얼마나 대다수 북측 인민들의 의사를 반영하는 정치냐, 아니냐? 하는 것입니다.

그리고 통일 민족국가 건설을 열망하는 사람이면, 누구나 '민주주의 정치'를 실현하기 위해서 현재의 남측 정치체제나 북측 정치체제가 얼마나 '민주정치'에 합당한 것인지, 아닌지를 진지하게 재검토하고, 어떤 부분을 개선하는 것이 보다 민의를 정치에 투입할 수 있는 길인지를 모색하여, 그와 같은 방향에서 정치체제의 변화를 위해 힘써야 할 노릇이라 생각하는 것입니다.

이 문제는 보다 구체적인 연구 검토가 요청되는 앞으로의 과제입니다. 그렇지만, 저는 여기서 현재의 남측 또는 북측 정치체제가 앞으로 통일 민족국가 건설을 준비하면서, 우선적으로 개선해야만 할 것으로 보이는 몇 가지 문제점들만 지적해 두려고 합니다.

먼저 남측 정치체제의 경우를 말하자면 첫째, 국정을 담당할 대통령이나 국회의원을 선출하는 과정에서 과연 얼마나 돈의 지배를 받지 않고, 다수 민의를 대변할 수 있는 사람들이 선출될 수 있는 선거제도를 갖고 있는가?

현재와 같이, 가난한 사람들은 교육을 제대로 받지 못해서 정치적 판단능력이 없고, 언론기관은 자산가들이 장악 지배하고 있으며, 또 선거는 낮은 투표율에도 불구하고, 무조건 단순다수 득표자가 당선되는 제도 하에서는, 당선된 사람이 유권자 중의 소수 국민만을 대표할 수밖에 없는 것이 아닌가요?[5]

. .
5. 금권정치의 폐단 극복을 위해서는 우선 공교육제도를 대폭 확대하고, 언론기관들이 자산가의 개인적 지배에서 벗어나기 위해 소유를 분산하며, 편집·편성권의

둘째, 일단 선출된 정치인들은 얼마나 사리사욕을 떠나, 자기를 선출한 주민들의 의사를 정확히 국정에 반영하고 있는가? 정강정책과 선거공약을 내걸고 입후보한 사람이 당선된 뒤에는 돈이나 기타 사리사욕에 의해서, 자기 마음대로 당적을 옮기기도 하고, 선거구민을 배신하는 행위를 해도 속수무책인 정치제도 하에서는 복수정당제 하의 선거라는 것만으로 '민주정치'를 위한 적절한 제도라 할 수 있을까요?[6]

셋째, 국민들의 운명을 좌우하는 중대한 국가의사의 결정 과정에 국정담당자들은 과연 얼마나 주권국가로서의 대외적 '자주성'을 갖고 있는가? 자주성이 없는 국가에서는 아무리 국민 개개인의 자유가 보장되어 있다 해도, 국민들이 자신의 운명을 스스로 결정할 수는 없으며, 국가의 대외종속 상태에선 '민주정치'라 말할 수 없을 것이기 때문입니다.[7]

다음 북측의 경우를 봅시다. 첫째, 현재 북측에서는 '조선노동당'이 국가 정치의 중요 의사를 결정합니다. 그런데 '조선노동당'은 과연 어떤 방법으로 전체 인민들의 의사를 충실하게 수렴, 투입, 대표할 수 있는가?

· ·

독립이 보장되는 언론 개혁이 있어야 한다. 공동상속제의 도입은 언론의 민주화를 보장할 것이다. 왜냐하면 언론 방송 등 언론기관을 종업원지주회사 등으로 소유를 분산하여 사적 지배를 벗어날 수 있게 하기 때문이다.

그리고 선거제도에서는 선거공영제도를 확대하여 금권선거의 폐단을 없애야 하고, 당선자가 다수 유권자를 대표하는 선거제도로 되자면, 투표참여의 의무화, 결선투표제 도입을 통한 다수대표제 실시, 정당별 득표비례제의 확대 등 선거제도의 개선 여지가 많이 있는 것으로 생각한다.

6. 국민소환제도의 도입, 당선 후의 당적 변경 행위의 제한 강화, 의정활동 감시제도의 정착 등이 필요할 것이라 생각한다.

7. 군사, 경제, 문화 등 분야에서 대외 종속성을 탈피하고, 민족적 자주성을 확보하기 위한 노력이 절실히 요청된다. 전쟁 직전 상태까지 간 1994년 핵 위기와, 1997년의 IMF사태는 그 실례가 아닌가?

당이 국가의 주요 정책을 결정하고 있는 상태에서 그것이 인민들에 의한 '민주정치'에 합당한 것이라 주장할 수 있으려면, 당에 의해 인민의 의사를 수렴하고 대표하는 길이 보장되어 있어야 할 것이 아닌가요?[8]

둘째, 인민들에 의하여 선출되는 각급 인민대표기관 대의원들은 과연 다수 인민들의 의사를 얼마나, 어떻게 수렴해서 정책 결정에 투입 반영하고 있는가? 인민들의 의사란 필연적으로 다양할 수밖에 없기 때문에, 정치적 의사가 비슷한 사람들끼리 모여 각기 다른 정당을 결성할 수 있어야 하고, 따라서 복수정당이 허용되고, 복수후보가 출마하여 그 후보를 통해 인민들에게 정책선택의 기회를 주어야만 하는 것이 아닌가요?[9]

셋째, 인민들은 자기의 정치적 의사를 얼마나 자유로 표현하고 있는가? 국가 정치의 주체인 인민들이 자기의 정치적 의사를 자유롭게 표현하지 못하는 상태에서는 아무도 인민의 진정한 의사가 무엇인지를 알

• •

8. 만약에 북측이 현재와 같이 조선노동당이 국가의 중요한 정책을 결정하는 정치체제를 유지하려면, '조선노동당'의 당원 입당 결정 과정에 인민의 선택적 의사가 투입될 수 있어야만 하고, 또 당원 자격은 기간을 정하여, 인민들이 그 당원을 임기 중의 활동으로 검증하여 새로운 당원으로 변경할 수 있는 길이 열려 있어야 할 것이다. 그래야만 비로소 '조선노동당'은 관료주의적 폐단을 극복하고, 인민의 정치적 의사를 수렴 국정에 투입할 수 있는 '인민의 당'이 될 수 있을 것이기 때문이다.

9. 현재 북측에도 여러 개 정당이 존재하고 있다. 하지만 조선노동당의 정책결정을 반대하는 정치적 의사 표현의 자유가 제한되고, 복수정당 후보들 중에서 인민들이 선택하여 자기들의 대표를 선출 할 수 있는 선택의 가능성이 없는 선거제도라면, 그것이 민주정치를 위한 선거제도라 할 수는 없다. 그렇기 때문에 인민들의 대표를 선출하는 선거방식에서, 정치적 의사표시의 자유를 보장하고, 다당제를 도입하여 인민들로 하여금 다수후보에 대한 선택의 가능성을 열어 주도록 개선해야만 할 것이다.

수 없는 것입니다. 따라서 정치적 의사표시의 자유가 보장되지 않는 곳에서는, 누구도 인민의 의사에 의한 '민주정치'를 하고 있다고 주장할 수 없습니다.

한 나라의 정치가 '민주정치'라고 할 수 있으려면, 인민들의 정치적 의사 표시의 자유가 보장되어야만 하고, 그와 같은 인민들의 정치적 의사를 정치과정에 투입할 수 있는 정치제도가 마련되어야만 합니다. 정치적 의사표시의 자유를 보장하는 것은 '민주정치'의 필수조건이며, 자유의사에 의해 표명된 정치적 의견을 국가의 정치적 의사 결정에 투입할 수 있어야만 '민주정치'라 할 수 있기 때문입니다.[10]

이런 세 가지씩의 문제들에 대해서 남북 양측은 아직도 많은 개선의 여지를 갖고 있습니다. 그리고 양측은 '1국가 2체제'를 유지하는 과도적 단계에서 각기 이런 문제들에 대한 정치체제의 개선 발전을 이루어야만 남북 간 정치체제의 통일은 성취될 수 있을 것입니다.

5. 고정 불변하는 것도 절대적인 것도 없다

이상에서 저는 우리가 '6 · 15남북공동선언' 제2항의 합의에 따라 통일 민족국가 건설을 추구할 경우, '1국가 2체제'의 영구화가 아닌, 정치 경제체제의 통일을 위해서 남과 북이 각기 자기 체제를 어떻게 변화시켜야 할 것인가? 하는 문제를, 그 기본 방향을 중심으로 간략히 살펴보았습

• •
10. 정치적 의사 표시의 자유가 보장되자면, 언론 · 출판 등 표현의 자유를 보장하는 일은 필수적이다.

니다.

통일된 우리 민족국가의 경제 체제가 생산수단의 사적 소유를 토대로 한 시장경제체제냐? 사회적 소유가 지배하는 국가계획경제체제냐? 하는 것은 소유제도에 있어서나, 시장제도에 있어서나, 그 정도의 차이는 있지만 모두 '혼합경제체제'라는 것을 지적한 바 있습니다. 그리고 이 '혼합경제체제'가 사유화를 확대할 것인가? 사회화를 확대할 것인가? 하는 것은 그 어느 쪽도 절대화할 수 없는 것이며, 다만 '경제체제의 유연성'을 확보하는 것이 중요하다는 것을 지적한 것입니다.

그리고 정치체제 역시 자유민주주의체제니, 인민민주주의체제니, 공산독재체제니, 하고 정신없이 싸웠지만, 결국 국가 권력의 행사가 얼마나 '민'의 의사를 그 국가 정치과정에 정확히 투입 반영할 수 있는 제도인가? 그렇지 못한가? 하는 '민주정치'를 향한 효과성의 차이에 불과했습니다. 따라서 현재 남과 북의 정치경제체제가 지난 반세기의 역사 속에서 상당한 이질성을 지니게 되었다고 말하지만, 저는 수천 년 운명을 같이하며 형성된 긴 역사의 안목으로 볼 때, 그동안 형성된 남북 간의 이질성이라는 것은 매우 사소한 차이에 불과하며, 결코 극복할 수 없는 차이가 아니라고 봅니다.

오늘날의 남과 북을 놓고 비교할 때, 지난 반세기 동안 남측에서는 민주화의 진전과 시장경제의 발달에 따라, 개개인의 정치적 자유가 신장되고, 사회적 생산력이 향상되었습니다. 그러나 빈부격차의 심화 문제나, 국가의 군사, 경제적 자주성 문제는 아직도 개선의 여지가 많습니다.

이에 반하여 북측에서는 주체사상에 의하여 집단으로서의 국가적 자주성이 많이 신장되었습니다. 그러나 개개인의 정치적 자유와 사회적 생산력은 아직 개선의 여지가 많이 남아 있습니다. 그런데 국가적 자주성의 확보가 없는 개인의 자유는 한계에 부딪힐 수밖에 없으며, 또 개인의 자유를 희생한 국가적 자주성 또한 한계에 부딪힐 수밖에 없습니다.

그렇기 때문에, 남과 북이 "1국가 2체제"로 평화공존을 유지하면서 각기 현재 자기들이 지닌 '미성숙성'을 개선하여 탈피하기 위해 노력한다면, 그동안 형성된 남과 북의 체제적 차이는 오히려 새로운 정치경제체제를 창조하는 데 좋은 자산이 될 수 있을 것으로 생각합니다. 그리고 우리 민족이 통일 민족국가 건설을 위해서 창조하는 새로운 정치경제체제는 21세기 이후의 세계사 속에서 다른 많은 나라들에 훌륭한 모범이 될 수 있을 것이라고 확신합니다.

결국 통일 민족국가의 수립이란 남북이 각기 자기체제의 개선을 통해 우리 민족에게 가장 적절한 체제를 창조해내는 과정이라 할 수 있습니다. 따라서 남과 북의 정치경제체제의 통일은 남과 북이 경제체제에 공동상속제도를 도입하여 '체제의 유연성'을 확보하는 방향에서 변화하고, 정치체제에서는 국가의 정치적 의사 결정과정에 '민'들의 의사를 보다 잘 투입할 수 있는 '민주정치'를 실현하는 방향에서 변화할 때, 비로소 가능하게 될 것이며, 체제통일을 완수할 수 있는 시기도 이와 같은 개선 발전의 속도에 의하여 결정될 것이라 생각합니다.

제한된 지면으로 구체적인 논의를 할 여지는 없었지만, 끝으로 글을 맺으면서 꼭 하고 싶은 말은, 그 어떤 사회경제체제도 고정 불변하는 것이 아니며, 절대적인 것도 아니라는 사실입니다. 그리고 사회경제체제란 삶의 필요에 따라 얼마든지 새로 창조될 수 있는 것이기 때문에, 이 땅의 주인이 될 우리 자손들은 능히 그들이 필요로 하는 정치경제체제를 창조할 능력이 있다는 것을 믿고, 지금의 우리들이 좋아하는 자기의 이념이나 체제를 강요하려는 피투성이 싸움만은 하지 말아야 한다는 것입니다.

　동족간의 싸움, 그것도 지난 반세기 동안 남과 북의 군사력이 쌓은 엄청난 파괴력은 군사적 충돌의 경우, 그것은 전체 민족에게 종말을 초래할 수 있는 것이 분명한 상황에 이르렀습니다. 그럼에도 불구하고, 아직 화해의 길을 찾지 못하고, 남과 북이 자기의 현존체제를 절대화해서 민족을 전멸로 내몰게 될 긴장적 대결을 계속하는 일은 결코 용납될 수 없는 것입니다. 지난날의 역사는 '약육강식'이 지배할 수 있었습니다. 그러나 인류 문명사의 발달은 "공생 아니면 공멸"을 택일하지 않을 수 없게 하기에 족할 만한 파괴력을 지니게 하였습니다.

　모든 사람에게 무엇보다 소중한 것은 생명이며, 모든 사람의 생명을 존중하는 길은 "함께 더불어 사는 길"을 찾아내는 일입니다. 사람은 누구나 이 땅에서 삶을 영위할 천부의 권한을 갖고 태어났기 때문에, 사람은 누구나 다른 사람의 삶을 부인할 수 없고, 공생공영의 길을 찾아야 합니다. 사람은 자기 운명을 스스로 결정하려는 '인간적 주체성'을 침해당할 경우에 치열하게 저항합니다. 따라서 '인간적 주체성'을 침해하려는 도전과 이에 대한 저항은 드디어 쌍방 모두에게 "함께 더불어 죽음을" 부르는 비참한 파국을 초래할 수도 있습니다.

　자기가 좋아하는 이념이나 체제를 절대화해서 서로 상대측 사람들에게 그것을 강요하려 한다면, 이는 "함께 더불어 살아야 할" 동포형제의 기본적 인권을 유린하는 것입니다. 모든 민족과 모든 개인이 자기 운명을 스스로 결정할 수 있게 하는 것이 바로 '민족자결주의', '민주주의'의 이념이며, 천부의 인권을 존중하는 길이기 때문입니다.

사회적 갈등의 원인과 그 해결의 길을 찾아서

－2010. 4. 4. '평화' 소모임에서 발표

1. 사회적 갈등이란?

우리들의 이 모임은 "평화를 위해 기도하는 사람들"입니다. 즉 우리들은 지금 '평화'를 위해서 함께 기도하기 위해 이 자리에 모인 것입니다. "기도한다"는 것은 우리가 어디에 어떤 모습으로 있든지 마음을 모아 즉 "지성(至誠)의 마음"으로 어떤 주제에 관해서 열심히 생각하고, 문제의 해결을 위해서 간절히 염원한다는 뜻이라고 생각합니다. 그렇다면 우리가 여기 한데 모여 "평화"를 위해 기도한다는 것은 지금 우리가 평화롭지 못한 상태에 있거나 "평화"를 위협받는 어떤 상태에 있다는 것을 전제로 하는 것이 아니겠습니까?

우리가 오늘 토론의 주제를 "사회적 갈등, 그 원인과 그 해결의 길을 찾아서"라고 했습니다. 그런데 이 말은 지금 우리 사회에는 어떤 사회적 갈등이 있고, 또 그것이 우리의 평화로운 삶을 위태롭게 하고 있다는 인식을 바탕으로 하고 있는 것입니다. 예, 그렇습니다. 이 땅에서는 지금도 전쟁연습이 진행되고, 사람들은 패가 갈리어 무서운 살상무기를 손에 쥐고 적대관계를 유지하고 서로 으르렁대고 있습니다. "평화"가 위협받고 있는 것이지요. 여러분 오늘날 우리의 "평화"를 깨트리는 "사회적 갈등"에는 과연 어떤 것이 있습니까?

첫째, 한일, 한중, 한미, 북미, 미중 등 국제적인 갈등이 있습니다.

둘째, 우리 민족 내부의 남북 간 갈등이 있습니다.

셋째, 우리 남한 사회 내부의 정당 간, 지역 간, 종교 간, 남녀 간, 보수와 진보 간, 연령계층 간, 재산계급 간의 갈등 등 헤아릴 수 없이 여러 가지 많은 갈등들이 있습니다.

오늘 이 시간에 이와 같은 사회적 갈등들의 원인과 그 해결책을 모두 논의할 수는 없습니다. 다만 이들 갈등은 모두 사람들의 "욕망 충돌"이라는 공통점을 갖고 있다는 사실은 지적하지 않을 수 없습니다. 즉 사람은 저마다 욕심이 있고, 사람들의 그 욕심이 충돌할 때 서로 간에 "사회적 갈등"이 생긴다는 것은 분명하다는 말씀입니다.

그래서 사회적 갈등을 말할 때, 우리는 석가모니 부처님께서 "욕심을 버리라"고 하신 말씀을 생각하지 않을 수 없습니다. 만약 사람들이 모든 욕심을 버린다면 사회적 갈등은 생기질 않을 것이며, 그 해결책 또한 필요하지 않게 될 것입니다. 그러나 모든 사람들이 욕심을 버리고 부처가 될 수도 없거니와 또 저는 그것이 우리가 가야 할 "참된 삶의 길"이라고 생각할 수가 없습니다. 왜냐하면 사람이 "참된 삶의 길"을 가기 위해서는 삶의 요구대로 살려는 '욕심'이 없이는 삶은 불가능한 것이기 때문입니다.

내가 중학생이던 시절 저는 일요일마다 "태고사"(지금의 조계사)에 가서 스님들의 말씀을 열심히 경청했습니다. 그러나 결국 제가 성불하여 부처가 되기 위한 길, 즉 스님이 되어 수도하는 길로 가는 것을 포기하고, 그리스도 교회로 나가게 된 가장 큰 이유는 제가 원한 것은 사람이 모든 욕심을 버리고 "해탈한 부처"가 되는 것이 아니고, 제가 사람으로서 이 세상을 살아가는 데 무엇이 '참된 삶의 길'인가? 하는 '길(道)찾기' 즉 구도(求道)에 있었기 때문입니다.

그래서 저는 오늘도 여러분과 함께 '참된 삶의 길'을 찾으려는 마음으로 우리가 더불어 사는 '겨레' 안에 제기되고 있는 문제로서의 남북 갈등 및 남한 사회 내부의 갈등문제를 그 원인은 무엇이고, 그 해결책은 무엇인지를 찾아보려고 하는 것입니다.

2. 남북 갈등의 역사적 배경

내 나이 금년에 80입니다. 20세가 되던 1950년부터 지금까지 저는 우리 민족의 분단 상쟁 속에서 "어떻게 하면 사람들이 서로 싸우지 않고 평화롭게 더불어 살 수 있을까?" 하는 것을 고민하며 살아왔습니다. 그리고 약육강식이 지배하는 세계 속에서 우리 민족은 약한 소수민족의 처지였기 때문에, 주변에 강대국이 나타나서 침략해오면 늘 고난을 당하며 살았습니다. 이 점은 이스라엘 민족과 우리 민족이 비슷한 처지였습니다.

이스라엘 민족도 남쪽의 '이집트'에 끌려가서 노예가 되기도 하고, 동쪽의 '바빌론'으로 잡혀가서 포로생활을 하기도 하고, 북쪽 아시리아의 침략을 받기도 하다가 드디어는 로마의 식민지가 되었는데, 이때 예수님은 바로 이런 이스라엘 백성 속에 태어나서 수난을 받으시고 십자가에서 돌아가신 것입니다.

그런데 우리 민족도 수천 년 전부터 한나라, 당나라, 원나라, 명나라, 청나라 등 대륙으로부터의 침략에 시달리며 살다가 드디어는 영국, 미국 등 해양세력의 묵인을 받는 일본의 식민지가 되었고, 1945년 일본의 패전 이후 세계 최강의 미국에 의하여 남북 분단이 되어 대륙세력과 해양세력을 배경으로 남북 간 골육상잔의 전쟁을 치렀으며, 60년이 넘어도 아직 싸움이 계속되고 있으니 어찌 이것이 강대한 주변 외세 때문이 아니겠습니까? 이것이 바로 남북 갈등에 대한 '외인론'입니다. 우리에게 책임이 있다면, 약육강식의 세계사 속에서 어쩌다 우리는 약소민족이라는 사실이 죄라면 첫째가는 죄라 하겠습니다.

그러나 제2차 세계대전 과정에서 강대국에 의하여 분단된 국가는 한반도뿐만이 아니었습니다. 오스트리아, 독일, 베트남, 예멘 등이 있습니다. 그런데 다른 민족들은 모두 통일을 이루었는데, 유독 우리 민족만은 왜 그렇지 못했을까? 조용히 생각해 봐야 되지 않겠습니까?

오스트리아는 중도적인 '사회민주당'이 정부를 세우고 분단 10년 만에 미·소 냉전의 와중에서도 주변 강대국 간에 중립을 지키겠다며 소위 '오스트리아'식 중립으로 통일을 이루었고, 베트남은 프랑스나 미국에 비하면 약소국가였음에도 불구하고, 거의 전체 민족 구성원들이 똘똘 뭉쳐서 자연 지리적 조건을 이용하면서 무력항쟁으로 프랑스, 미국 등 강대한 외세를 물리치고 약 30년 만에 통일을 이룩했습니다.

그리고 독일은 제2차 세계대전의 전범국이었음에도 불구하고, 패전 후 약 20년간은 조용히 서독 내부의 사회적 통합에 힘을 쏟고, 그 다음으로는 1966년부터 동방정책을 시작하여 과거 동독을 인정할 수 없다던 '할슈타인원칙'을 폐기하고, 1972년에는 "동서독기본조약"을 체결한 다음, 그 후 20여 년간 꾸준히 진정성을 가지고 성실하게 동서독 화해를 위해 노력하여 분단 45년 만에 동서 분단을 극복하고 통일국가를 이룩했습니다.

그런데 어찌하여 우리 민족만은 전범국가도 아니면서, 외세에 의해 분단된 채, 좌우로 갈리어 수십만 아니 수백만 명이 서로 죽고 죽이는 전쟁을 치렀습니다. 그리고 남북 정권 당국 간에는 1972년의 '7·4남북공동성명'으로 시작하여, 1992년에는 '동서독기본조약'을 본 따서 만든 "남북기본합의서"를 체결했고, 2000년 '6·15남북공동선언', 2006년 '7·4남북공동성명' 등 쌍방 국가 원수 간의 약속들이 있었음에도 불구하고, 이것들은 모두 휴지가 된 채 분단 65년, 전쟁 발발 60년이 지나도록 아직 '종전처리'조차도 못한 채, 적대적 군비경쟁을 위하여 막대한 국방비를 소모하면서 싸움질을 계속하고 있는 것입니다. 우리가 진정으로 "평화"를 기원한다면 강대한 제국들을 원망하고 있기보다 스스로 그 원인을 정확히 깨달아야 되지 않겠습니까? 우리는 왜 '오스트리아'나 '베트남'처럼 안 되는 것일까요? 길을 찾기 위해 기도하자는 것입니다.

3. 우리 민족 좌우분열의 역사적 배경

우리나라가 남북으로 분단된 것은 다 아시는 바와 같이 강대국 미국의 극동전략 때문입니다. 그러나 우리 민족이 좌우로 갈리어 싸움질을 했고, 지금도 그 싸움질이 계속되고 있는 것은 외형상 '이데올로기'의 차이

때문이라고 하지만, 저는 그 바탕에 우리 민족 구성원들 자신의 경제적 갈등이라는 토대가 있었다는 사실을 주목하지 않으면 안 된다고 생각합니다. 그래서 저는 먼저 1945년 8·15 후 왜 우리 민족은 심하게 좌우 양 진영으로 분열되었는가 하는 것을 역사적으로 살펴볼 필요가 있다고 생각합니다.

1) 문명 이전 원시시대 우리 선조들의 경제적 갈등

우리들의 논의를 보다 쉽게 하기 위해 사람들의 생활이 비교적 단순했던 원시사회의 경제적 갈등부터 순차로 그 배경을 잠시 생각해 보기로 합니다. 문명이 발달하기 전의 원시시대 사람들은 다른 동물들의 경우에서 보는 바와 같이 '가족' 규모의 집단생활을 했습니다. 특히 사람은 엄마 배에서 태어나서 상당히 오랜 성장기를 지나야 홀로 살 수 있는 능력이 생기기 때문에, 자녀들은 오랜 동안 그 부모들을 졸졸 따라다니며, 함께 더불어 살 수밖에 없습니다. 그들 한 '가족'은 하나의 '우리'가 되어 "겨레"(=운명 공동체)를 이루고, 이 산 저 들을 돌아다니며 먹이풀과 열매들을 찾고, 또 때로는 자기보다 약한 다른 짐승들을 잡아먹기도 했겠지요.

그때 원시시대 우리 조상들은 다른 '가족'의 사람들과는 큰 갈등이 있을 수 없었습니다. 왜냐하면, 들과 산에서 먼저 먹이를 찾는 '가족'이 그때그때 그 먹이를 먼저 먹어 없앴기 때문입니다. 그러나 깊은 겨울날 어느 '가족'은 가을에 모아 둔 먹이가 있는데 다른 '가족'은 먹이가 없어서 굶주리게 되었다면, 먹이가 없는 '가족' 사람들이 다른 '가족'이 준비했던 먹이를 넘보다가 두 '가족' 사이에 갈등이 생길 수도 있었을 것입니다.

그리고 사람들이 일정한 지역에 머물면서 씨를 뿌리고, 짐승을 기르며 정착생활을 하게 되면서 '도구'가 발달했고, '가족'의 규모는 확대되어 '씨족' 또는 '부족'이 되었습니다. 그리고 이들 '씨족'이나 '부족'들 사이에서는 '생활영역의 갈등'이 생겼습니다. 한 지역 안에는 그곳에 사는 사람들이 먹어야 할 먹거리가 제한되어 있고, 먹거리를 재배할 토지도 제한되어 있어서, 다른 씨족이나 다른 부족 사람들이 먼저 와서 그것을 먹어치우거나 땅을 차지하면 자기들이 필요한 먹거리가 부족하게 되기 때문입니다. 그래서 원시사회 사람들의 경제적 갈등요인은 주로 생활영역을 둘러싼 "영역다툼"이었습니다.

2) 국가 및 신분계급제의 성립과 경제적 갈등

앞에서 말씀드린 바와 같이 '씨족' 간 또는 '부족' 간의 갈등 과정에서 '무기'가 발달했고, 국가가 발생했습니다. '국가'란 물리적 강제력(무기)을 가지고 다른 씨족이나 부족들의 공격을 막고, 또 자기 씨족이나 부족 구성원들의 행동을 규율하는 강제기구입니다.

그런데 한 부족국가와 이웃한 다른 부족국가 구성원들이 통혼을 하고, 물물교환으로 유무상통하면서 평화롭게 살 경우도 있지만, 그렇지 못하고 서로 다투며 갈등하는 경우도 생겼습니다. 이때에 사람들의 주된 갈등 요인은 원시시대와 같이 생활영역을 차지하기 위한 "영역다툼"도 있었지만, 사람들의 생산력 향상에 따라 다른 부족 사람들을 잡아다가 노예로 부리기 위한 "노예다툼"도 생긴 것입니다.

사람이 종일 일을 해도 겨우 자기 먹을 만큼밖에 생산하지 못한다면, 사람을 잡아다 노예로 삼을 수는 없습니다. 그렇지만 하루 일을 시켜서 그 사람이 먹고 남을 만한 경제적 잉여가 생길 수 있게 된다면 다른 사람을 노예로 삼기 위한 "노예쟁탈전"이 발생할 가능성이 있게 되는 것입니다.

그리고 지배 부족은 국가의 권력을 계속 독점하기 위해 '신분계급제도'를 만들었습니다. 자기 부족만이 왕족, 귀족이 되어 국가 지배권을 계속 장악하고, 정복된 다른 부족을 노예로 삼거나 아니면, 계속 "상민"이나 "천민"으로 삼아, 조세, 노역의 제공, 공물납부를 강요할 수 있게 하는 제도입니다. 고구려, 신라, 백제의 삼국시대가 이런 시대였습니다.

3) 고려 및 조선왕조 국가 시대의 경제적 갈등, 민란과 동학농민운동

삼국이 통일되어 한 국가가 된 고려시대에 와서는 부족 간 갈등과 차별은 점차 없어지게 되었습니다. 비록 신분계급제도는 계속되었지만, 단일한 왕국의 주민으로서 과거제도가 허용하는 범위에서 다른 부족 출신자도 국가 관리가 되어, 권력의 행사에도 참가하게 되었기 때문입니다. 그러나 국가가 요구하는 조세, 노력 동원, 공물 납부 등(租·庸·稠)은 계속되었습니다.

따라서 이 시대 '경제적 갈등'은 주로 신분계급제도의 세습 유지에 의하여 국가 권력을 왕족과 양반이 독점하고, 주로 조세, 노력 동원, 공물 납부 등이 공정하게 이루어졌는가? 그렇지 못했는가? 하는 데 따라 결정되었습니다. 양반 계급의 호족들은 국가에 내야 될 조세, 노력 동원, 공물 납부 등을 제대로 내지 않으면서, 일반 서민들에게만 부당하게 부담을 지우는 것이 문제였습니다.

여기서 중요한 것은 조선왕국 사회에서는 경국대전(經國大典)에 "천하막비왕토"(天下莫非王土)라고 한 바와 같이, 모든 토지는 왕의 소유 즉 총유(總有)이고 개인적 사유를 허용하지 않았다는 사실입니다. 따라서 사람들은 누구나 어디에 가서라도 노는 땅을 개간하고 농사를 지을 권리가 보장되어 있었습니다. 그리고 그렇게 해서 농사를 지어먹고 사는 농민들의 경작권(耕作權)은 국가에 의해서 보호되었습니다.

서양에서는 토지에 대한 사유재산제도가 일찍부터 그리스, 로마시대부터 있었습니다. 그러나 조선에서 토지란 모든 사람들이 살아가는 데 필요한 공동의 것이라는 생각이 지배했던 것입니다. 그리고 국가 권력자와 가까운 사이에 있는 양반층이 불법적인 토지 사전화(私田化)를 하는 데서 사유화의 싹이 나왔습니다. '사전화'란 사적 소유지가 아님에도 불구하고, 마치 사유지처럼 어떤 토지를 팔고, 사고, 상속해주고 하면서 경작 농민에게 불법 부당한 소작료(賭租)를 받아먹는 것을 의미합니다.

여기서 여러분에게 잠깐 소개해 둘 것은 지금 우리들은 국가나 공공기관에 내는 물질을 '조세'(租稅)라고 하는데, 원래는 조(租)와 세(稅)는 다른 것이었다는 사실입니다. 세(稅)는 나라님의 땅에서 농사를 지어먹고, 농민이 국가 운영에 필요하다고 인정하여 국가에 바치는 수확물입니다. 그런데 조(租)는 국왕의 명에 따라 공무 일을 하는 관리들에게 국왕이 농민에게 세를 받아서 녹봉을 주는 대신, 국왕이 일정한 땅을 정해주고 (이것을 收租地라 함) 그 관리로 하여금 국왕이 받을 세를 관리가 대신 받아먹을 수 있게 만든 제도입니다. 따라서 어떤 사람이 국가의 벼슬을 하면, 국가가 정해준 토지 즉 수조지(收租地)에서 녹봉(祿俸) 대신으로 도조(賭租)를 받아먹고, 그 자리를 그만두거나 죽으면 마땅히 수조지(收租地)는 국가에 반납해야 하는 법이었습니다. 그리고 수조지에서 조를 받아먹어도 그 토지에서 농사를 짓는 농민의 '경작권'은 철저히 보호되었습니다. 어떤 관리 양반이 그 땅에서 국가에 내던 세를 대신 '조'로 받아먹게 되었어도 농민의 '경작권'은 감히 침해할 수 없었습니다. 경국대전에

보면 함부로 경작권을 침해했을 경우에는 곤장의 벌을 받도록 규정하고
있습니다.

그런데 국가의 행정 기강이 해이해지면서, 어떤 사람이 벼슬을 그만두
거나, 죽었을 경우에 마땅히 그 수조지는 국가에 반납해야 되는 것인데
그것을 반납하지 않고, 그 자손이 '조'를 계속 받아먹거나, 또 그 수조지
를 다른 사람에게 매도해서 그 토지의 매수자가 '조'를 받아먹는 일,
즉 사전화하는 풍습이 생겼던 것입니다. 그리하여 조선왕국 후기에는
화폐경제가 발달함에 따라 토지의 매매가 성행하게 되는데 '경작권'은
경작권대로 경작 농민들 간에 매매되고, '수조권'은 수조권대로 양반들
사이에서 매매되고 있었습니다.

그리고 조선왕조시대에는 사회적 생산력이 어느 정도 향상되었기
때문에 양반 지배계급은 노예를 시켜서 토지를 개간하고, 노예들의 노동
으로 생산을 하는 농장(農莊)을 만들어 노예들의 노동력을 착취하며, 그
땅을 사전화하기도 했습니다.

따라서 이 시기 사람들의 '경제적 갈등'은 주로 첫째, 국가 관료지배계
급과 피지배 주민들 사이의 불법적인 '가렴주구'(苛斂誅求)가 있었고, 둘
째, 토지 사전화에 의한 '노예노동 수탈'과 '불법적 도조의 수탈'이라는
형태로 이루어졌고, 이에 항거하는 백성들과 양반 사이에 사회적 갈등이
생겼던 것입니다. 이것이 당시 전국 도처에서 일어난 민란(民亂)이며,
그 종합판이 '동학농민운동'입니다. 그리고 그 결과로 신분계급제도는
붕괴 폐지되었습니다.

4. 일제 강점기 조선의 경제적 갈등, 항일독립운동

조선왕국 말기에 전국 도처에서 '민란'이 나고 '동학농민운동'이 일어났는데 이것을 스스로 수습할 능력이 없는 조선 왕실은 청국 군대의 지원을 요청했고, 청국 군인이 출병하자 또 대륙진출의 기회를 노리고 있던 일본 군인이 출병을 해서 '청일전쟁'을 하고 일본군이 승리하자 조선 주민들의 민란과 동학농민운동은 일본군의 무력에 의해 평정된 것입니다. 그 결과로 조선은 일본의 식민지로 전락하는 결과를 초래했습니다.

그리고 일제 조선총독부가 가장 먼저 착수한 사업은 "조선 토지조사사업"이었습니다. 1912년 '조선 토지조사령'을 공포하고, 이어서 조선 '부동산등기령' 등을 발표하여 모든 토지에 대해서 주민들에게 각기 자기 토지를 신고하라고 공고했습니다. 이 과정에서 법을 잘 모르는 주민들이 신고를 누락한 토지는 모두 조선총독부의 토지가 되었습니다. 이렇게 조선총독부의 토지가 된 땅은 전 국토의 40%를 넘었습니다. 더구나 조선왕국 하에서는 '천하막비왕토'였으니, 특정 궁방토(宮房土) 등을 제외한 모든 왕토는 조선총독부 소유의 토지로 된 것입니다.

그런데 이 '토지조사사업' 과정에서 가장 심각한 문제로 된 것은 주민들이 "이 땅은 내 땅이오" 하고 신고를 했는데, 그 토지 중에서 절반 이상의 많은 땅에는 주인이 2명 이상 나타났다는 사실입니다. 왜냐하면 조선왕조시대의 수조지(收租地)는 경작농민의 '경작권'과 수조권자의 도조를 받을 '수조권'이라는 권리가 2중으로 행사되고 있었기 때문에, 경작자와 수조권자가 각기 "그 땅은 내 땅이요" 하고 신고했던 것입니다.

조선총독부는 토지소유권제도를 만드는 과정에서 이런 토지 소유권

분쟁을 놓고, 영리한 식민통치술의 재주를 부렸습니다. 즉 수조권자와 경작권자가 각기 자기 토지라고 주장하는 상황에서 조선총독부는 식민지 통치의 전략으로 전 조선 각지에서 말깨나 하고 글깨나 한다는 양반 후예들을 포섭할 필요가 있다고 인정하고, '수조권자'를 토지소유자로 인정하고, 경작농민의 '경작권'은 무시하여 소작인으로 전락시킨 것입니다.

이것이 조선에서 친일파를 기르는 첫 단추였습니다. 왜냐하면 많은 토지에 대한 수조권을 가지고 있던 조선의 양반 후예들은 조선총독부의 '조선 토지조사사업'을 통해서 당당한 토지사유권자가 되었기 때문에 조선총독부의 조치를 적극 지지하게 되었기 때문입니다.

토지 사유권을 인정받게 되자, 지주들은 멋대로 경작권을 떼서 소작인을 바꾸기도 하고, 소작료를 잘 안 내면 차압으로 강제 징수할 수도 있게 된 것입니다. 지주들에게 토지사유화 조치는 매우 유리한 조치였습니다. 그러니 이들 양반후예 지주들이 일제를 반대하는 투쟁을 할 필요가 있습니까?

따라서 신분계급제도가 폐지된 일제하 조선의 가장 중요한 사회적 갈등은 첫째, 기본적으로 '조선 토지조사사업'으로 형성된 토지 소유권자가 된 조선총독부와 수조권을 가지고 있던 양반 후예 지주들을 한편으로 하고, 자기의 경작권을 소유권으로 인정받지 못하고 아무 권리도 없는 소작인으로 전락한 경작농민들 사이의 갈등으로 변화된 것입니다.

그리고 교환경제가 발달함에 따라 지주들은 소작료를 받아 취득하게 된 곡물을 팔아 자본가 노릇을 할 수 있게 되는 것입니다. 그리고 자본 투하로 기업이 설립되자 기업주는 노동자, 사무원 등 종업원을 채용하게 됩니다. 그리고 지주들은 자본가로 된 반면, 수확물의 절반이라는 가혹한 소작료 때문에 농사를 짓기 어려운 소작농들은 임금노동자가 되어 공장으로 갑니다. 그 결과 과거의 수조권자들은 기업가 즉 자본가계급이 되고 노동자, 종업원들은 무산자계급이 된 것입니다. 따라서 둘째의 사회적 갈등은 자본가라는 유산자와 종업원 노동자라는 무산자 사이의 갈등입니다. 과거의 신분계급제도는 없어졌지만 토지 또는 자본의 사적 소유에 의한 새로운 계급제도가 생긴 것입니다.

일제 강점기 토지소유 상황을 살펴보면 다음과 같습니다.

총경지: 450만 정보, 소작지: 260만 정보(총경지의 57.8%).

일본인 지주의 토지: 15.6%, 조선인 지주의 토지: 84.4%였습니다.

그러나 일제하의 미곡생산 1910년 10백만 석 → 1940년 21백만 석으로 증산되고, 조선인구 1910년: 1,331만 명 → 1942년 2,636만 명으로 증가합니다.

또 1942년 직업별 인구 2,634만 명에

농업(66.2%) + 수산업(2.0%) = 농림어업(68.2%)

광업(2.1%) + 공업(5.0%) = 광공업(7.1%)

상업(7.3%) + 교통(1.5%) + 공무자유업(4.9%) + 기타(8.9%) 등 = 서비스업(22.6%)

무직(2.2%)으로 나뉩니다.

이에 따라서 과거 봉건시대에는 토지 소유가 주요 생산수단이었던데 비하여, 자본주의가 발달한 일제 강점기에는 토지와 자본, 이 두 가지가 모두 주요한 생산수단으로 되었고, 농민들의 생활은 토지개량, 수리사업, 비료 사용 등 영농방법의 발달로 과거에 비해 어느 정도씩 향상됩니다.

그리고 지주들은 1920년대 후반으로 넘어오면서 친일파로 되어 일부는 자본가로 변신했고, 당시 주민의 80% 이상을 차지했던 농민들 중, 토지 없는 농민들은 고향을 떠나 노동자로 변신하거나, 만주 등지로 이주하여 살길을 찾아 갔습니다.

즉 토지가 없어 고향을 떠난 농민들과 소작농 그리고 노동자들은 항일 독립운동의 편이 될 수밖에 없었습니다. 따라서 "일제 강점기 주요한 사회적 갈등"은 첫째, 토지 소유자인 조선총독부와 일본인, 그리고 조선인 지주를 한편으로 하고, 이들에 대항하는 편에 경작자인 소작인들과 일부 자작농들 사이의 갈등과,

둘째, 일본인 자본가 및 친일 조선인 자본가와 조선인 노동자들 간의 갈등관계라는 두 가지 형태로 변화했습니다. 요약하면 이 두 가지는 모두 생산수단 소유자와 생산수단 소유에서 소외된 무산자들 사이의 갈등이었습니다.

이런 상태에서 농민, 노동자들에게 있어서 항일운동과 생산수단의 사회화를 주장하는 사회주의운동은 분리될 수 있는 것이 아니었습니다. 결국 일제 강점기에 형성된 민족 구성원들의 경제적 갈등은 조선총독부 덕택으로 생산수단인 토지 및 자본의 사유자로 된 사람들이 '우익'이 되었고, 토지와 자본이라는 생산수단의 소유에서 소외된 다수 농민, 노동자 그리고 외국에 가서 신학문을 공부하고 돌아온 일부 선구적 지식인들이 사회주의를 지지하는 좌익으로 갈라졌습니다.

우리가 잘 알아야 할 것은 1930년대 특히 후반부로 오면서 조선총독부 산하의 감옥에서 독립운동을 하다 징역살이를 한 사람들 속에는 소위 민족주의적 우익인사는 볼 수 없었습니다. 모두 '적색노조' 또는 '적색농조' 운동을 하거나 사회주의 서클을 하던 좌익 인사들뿐이었습니다. 다시 말하면 일제 강점기의 한국에서는 독일이나 오스트리아와는 달리

제대로 된 민족자본이 형성될 수 없었다는 말씀입니다.

이렇게 해서 일제 식민지하에서 우리 민족은 좌우분열의 물질적 토대가 크게 형성된 조건하에서 남에는 사유재산제도를 옹호하는 자본주의 미국이, 북에는 사유재산제도를 부인하는 사회주의 소련이 남북 분할 진주를 하게 된 것입니다.

5. 분단시대 남한 사회의 경제적 갈등

1945년 8월 15일에 일본제국은 미·영·소·중 등 연합군과의 전쟁에 패하여 항복을 하고, 조선에서 물러갈 수밖에 없었습니다. 그러자 일제 강점기에 친일파가 되어 "대일본제국을 위해 지원병과 징용에 나가라", "일본 군인들을 위해서 정신대(위안부)로 나가라" 하며 독려하고 다니던 친일파 조선인들은 일본으로 갈 수도 없고 쥐구멍을 찾기에 여념이 없었습니다. 그리고 일제하에서 감옥살이를 하던 노동자, 농민, 독립 투사들은 모두 여운형, 박헌영 등 지도자들을 따라 '조선건국준비위원회', '조선공산당' 등에 가입해서 활동하기 시작했습니다.

그러나 조선은 미·소에 의하여 38선을 경계로 남북 분할 점령되었습니다. 그 결과 미국은 사회주의를 주장하는 박헌영의 남로당은 말할 것도 없고, 사회주의적 경향이 있는 대한민국 임시정부 계통 사람들과 여운형 등이 "남한만의 단독정부수립 반대"를 외쳤지만 이런 주장은 배척하고, 미국에서 귀국한 이승만과 일제 강점기의 친일 지주, 자본가들을 중심으로 조직된 "한국민주당"(한민당)이 협력해서 1948년 남한만의 단독선거를 거쳐, 대한민국이라는 자본주의 분단국가 수립을 적극

지지하게 되었습니다.

그리고 분명히 알아야 할 것은 8·15 후의 정국에서 조선왕국 시대에 지배했던 "농자유기전"(農者有其田)의 원칙에 따라 "경작농민이 그 경작 토지의 주인이 되어야 한다'는 것을 감히 반대할 수 있는 사람은 없었습니다. 따라서 사회주의를 지지했던 좌익이라는 사람들은 일제의 사유화 정책에 의하여 형성된 지주들의 토지는 "무상몰수 무상분배"(無償沒收 無償分配)할 것을 주장하였습니다.

그런데 지주들의 입장을 옹호하는 우익은 사유재산권 옹호라는 명목 으로 "유상매수 유상분배"(有償買收 有償分配)를 주장하였습니다. 결국 분 단 정권하에서 사회주의를 지지한 북한에서는 "무상몰수 무상분배"의 원칙에 따라 '토지개혁'을 단행했고, 자본주의를 지향한 남한에서는 '농 지개혁'이란 이름으로 임야 등은 제외하고, 경작농지만을 "유상매수 유 상분배" 하였습니다. 농민들은 몇 해에 걸쳐 땅값을 현물로 분할 상환 하느라고 높은 농가부채에 시달리게 되었고, 지주들은 보상증권을 받아 그 돈으로 일제 강점기 일본인 재산이었던 '귀속재산'을 개인이 불하받 아 밑천을 삼을 수 있었습니다.

그 결과로 지난 65년간 대한민국에서는 자본주의 경제가 발전했습니 다. 지난 65년간의 경제발전에서 가장 중요한 역할을 담당한 것은 과거 의 친일자본가들이 가지고 있던 토지와 또 토지보상금으로 귀속재산을 불하받아 이룩한 "자본" 축적이었습니다. 자본축적의 결과로 과학기술 문명의 결과를 급격히 생산에 도입하게 되어, 사회적 생산력이 고도로 발달했습니다. 그리고 국민총생산이 높아지고, 사람들의 취업구조도 크 게 변화했습니다. 즉 근대화한 것입니다. 그 결과를 표로 나타내면 다음 과 같습니다.

	1957년	1980년	2001년
국민총소득	1,971억 원	3조 6,672억 원	543조 8,746억 원
	170억 $	603억 $	4,213억 $

산업별 취업자 구조				
구분	1965년	1984년	1994년	2001년
농림어업	500만 명(58.6%)	391만 명(26.7%)	284만 명(14.7%)	219만 명(10.3%)
광공업	88만 명(10.3%)	369만 명(25.2%)	273만 명(24.5%)	421만 명(19.8%)
기타서비스업	264만 명(30.9%)	702만 명(48.0%)	1175만 명(60.8%)	1495만 명(69.9%)

이와 같은 자본축적과 산업화를 진행하는 데 이승만, 박정희, 전두환, 노태우 대통령의 역할이 컸던 것도 사실입니다. 왜냐하면, 이승만 대통령은 단독정부를 수립하기 위한 과정에서 일제 강점기의 지주 자본가들 출신인 '한민당'의 지지를 받았는데, 대통령으로 재임하는 동안 미국에서 무상으로 제공하는 미국산 농산물을 '다다익선'(多多益善)으로 받아들여 그것을 한국시장에 팔아서, 한미경제협력위원회(USOM)의 결정에 의해서 국방비도 쓰고, 경제 개발비로도 썼습니다.

그리고 이승만 정부는 조선총독부가 갖고 있다 8·15 후 '귀속재산'이 된 토지와 기업들을 하나씩 하나씩 일제 강점기의 조선인 지주들에게 불하해 주었습니다. 즉 한국인 자본가들을 기르기 시작한 것입니다. 오늘날 재벌이 된 몇몇 사람들은 이승만의 덕으로 자본축적을 하게 된 것입니다.

그리고 박정희 대통령은 쿠데타로 정권을 잡은 다음, '새마을운동'으로 길 닦고, 지붕 고치며, '살기 좋은 마을'로 만든다며 농민들의 얼을 빼놓고, 저농산물가격 정책에 대해서는 농민들의 입을 열지 못하게 했습니다. 그 결과 농가부채에 시달리던 농민들의 토지는 다시 돈 있는 지주 자본가의 손에 넘어갔고, 농민들은 이농해서 도시로 나가 임금노동자로 전화했습니다.

그러나 노동자들은 '특별조치법' 등으로 강압해서 저임금정책을 강행하였습니다. 그러면서 정부는 기업에는 수출보조금을 지불하고, 특혜융자를 해주면서 수출산업 육성에 전력을 다했습니다. 그 결과로 수출의 급격한 성장을 달성했고, 그 후 그것이 한국경제 고도성장의 결과를 가져왔습니다. 물론 미국은 군사 경제적 원조뿐 아니라 한국의 주요한 상품시장이 되어 주었습니다.

뒤이어 전두환, 노태우, 김영삼 정권은 물론이고, 지금의 이명박 정부에 이르기까지 수출 위주의 산업육성과 경제성장정책은 끈질기게 계속되어 왔습니다. 그 결과로 자본 축적과 새 기술의 도입, 개발 촉진은 '과학기술력'에서 세계 7위로 되도록 사회적 생산력을 향상시켰습니다. 그리하여 한국은 수출액 세계 제9위, 그리고 국민소득 세계 10위의 선진국이 되었으며, 국방력에서도 현역병 수 세계 5위, 국방력 종합 세계 8위, 정보력, 교육열 각각 11위의 선진 강국이 되었습니다. 2008년 현재 한국의 무역의존도는 91.7%로 상승한 소위 수출 강국이 되었습니다.

각종 스포츠나 예술 활동에서 세계적 수준을 자랑하는 것도, 각종 과학기술 수준이 높아진 것도 이런 경제성장의 결과로 재벌 기업들이 그들을 후원하고 과학기술인력에 투자할 수 있었기 때문입니다. 집집마다 자가용을 굴리고 있습니다. 2009년 말 조사에 의하면 승용차의 77.7%

는 혼자서 타고 다니는 자동차인데, 특히 강남에서는 한 집에 자동차를 몇 대씩을 굴리고 있어서 강남권의 85.7%가 '나홀로 차'라고 합니다.

그리고 한국인들은 지금 프랑스, 이태리 등 외국에서 생수를 사다 마시는 사람들이 2000년 당시에는 1,393톤 / 64만 불이었는데, 2009년에는 7,391톤 / 531만 불이었다고 합니다. 보릿고개를 걱정하던 옛날 생각하면 얼마나 잘 살게 된 것입니까? 그리고 이승만을 비롯한 박정희, 전두환, 노태우, 김영삼 등 역대 대통령들이 비록 진보당의 조봉암, 민족일보의 조용수, 인혁당 사람들을 억울하게 죽이기는 했지만, 경제성장을 촉진해서 이렇게 잘 살게 하는 데는 공로가 있다는 데 이의가 있으십니까? 그리고 이런 남한 정권을 군사 경제 원조와 시장 개방으로 후원하여 이를 뒷받침한 미국의 공로 또한 부인할 수 없는 사실 아닙니까?

그러나 친일·친미 외세와 그 앞잡이 독재자들을 찬미하는 입장이란 민족의 자주자결권 같은 것은 없어도 되고, 자기들만 돈을 많이 벌어 부자가 되면 농민 노동자 등 일반 민중이나, 남이야 어찌되든 부당하게 다른 사람을 노예화하고, 또는 죽이는 일을 해도 그것은 따질 필요가 없다는 "개인주의적 황금만능주의"의 도덕 불감증이 바탕에 있으며, 또 그것을 합리화하기 위해서 그들 일제나 분단정권하의 독재자들이나 그들을 뒷받침한 미국이 아니었으면 경제발전이 안 됐을 것이라는 가상을 전제로 하고 있다는 사실을 망각해서는 안 될 것입니다. 그러나 과연 그들이 정권을 잡지 않았으면 경제발전은 이루어지지 않았을까요?

이것이 일제 강점기 일제의 조선총독부 정책에 의하여 형성된 친일 조선인 지주 자본가가 8·15 후에는 미국의 지원을 받은 남한정권의 역대 대통령들이 그들을 적극 지원한 결과로 그들이 다시 친미 재벌(토지 소유주, 자본가)로 변신하여 그것을 자기 자식들에게만 상속해주는 것을 정당화하려는 논리를 전개하는 경위입니다.

　자본은 맑스의 주장대로 단순하게 노동력(잉여가치)을 착취하기만 하는 것이 아니라, 사회적 생산력을 높이고, 그 결과 보다 많은 재화를 산출하게 하기 때문에 자본가는 이윤을 획득하고 또 자본가가 아닌 근로자들에게도 먹을 몫이 생기는 것이 사실입니다. 즉 자본이란 발달된 기계와 기술을 연구 개발하게 하고, 그것은 생산성을 향상시켜 인간의 노동력을 최대로 절약하게 합니다.

　노동시간은 짧아지고, 과실은 많게 하는 것입니다. 그래서 과거 사회주의 국가였던 러시아, 동구, 중국, 심지어 북한까지도 지금은 어떻게 하면 외국의 자본을 더 많이 유치할까 서로 경쟁하고 있는 것 아닙니까? 자본축적은 과학기술문명의 원동력입니다. 그 과학기술을 생산에 적용해서 땀을 조금 흘리고 적은 시간 일을 해도 많은 재화를 생산할 수 있는 세상이 된 것입니다. '뉴라이트'의 주장, 이승만과 박정희 숭배자들의 입장이란 자본 축적이 가지는 이런 기능을 마치 그 자본을 소유하고 있는 자본가들이 좋아하는 일제와 독재자들의 공로인 듯이 설명하려는 것임을 이해하시겠습니까?

　그리고 제2차 세계대전 후에 강대국에 의해 분단된 다른 민족들은 다 민족통일을 했는데, 유독 우리 민족만 남북으로 분단되어 상쟁을 계속하고 있는 이유도, 이 땅에서는 일본과 미국이 선사한 자본주의를 고마워하는 친일·친미 우익 사람들이 크게 형성됐고, 죽을 고생을 하며 항일 운동을 하던 좌익 사람들이 8·15 후에는 민족 자주를 외치는 반미 운동을 하며, 미국식 생활양식을 결코 그대로 받아들일 수 없다고 버티는 사람들이 나뉘어, 민족이 두 패로 크게 갈리었기 때문인 것을 이해하시겠습니까?

그런데 그동안의 경제발전으로 풍요로운 생활을 하게 된 오늘날의 남한 사회는 어찌된 일일까요? 현재 남한 사회에서는 해마다 자살자 수가 급격히 증가하여 2010년 현재 자살자 수가 인구 10만 명당 33.51% 인 15,566명에 이르렀고, 특히 2, 30대의 청년 자살률이 최근에 급증했다고 합니다. 또 한국보건사회연구원이 2009년 10월 22일 발표한 바에 의하면 국가 행복지수는 OECD 30개 국가 중 종합순위에서 25위를 차지했다고 합니다. 사람들은 이렇게 경제가 발달한 세상이 됐는데도 무엇 때문에 행복하지 못하고, 무엇 때문에 높은 자살률을 보이고 있는 것일까요?

6. 경제적 갈등 해소의 길을 찾아서

첫째로 생각되는 것은 고도성장 결과로 현재 한국사회는 생산수단인 토지 및 자본이라는 자산 소유관계에서 지극히 불평등한 양극화가 성립했다는 사실입니다. 2005년 현재 한국의 토지는 전 국민의 1%에 불과한 돈 많은 부자들이 전국 토지의 51.5%를 소유하고 있으며, 5% 미만의 부자들이 82.7%를 소유하고 있습니다.

그리고 거주주택을 제외한 부동산 자산은 상위 10%의 부자들이 84.27%를 소유하고 있으며, 은행 예금 및 채권과 증권 등 금융자산은 상위 5%의 부자가 50.1%를, 상위 10%가 66.46%를 소유하고 있다고 합니다. 2010년 현재 부익부의 통계는 훨씬 더 진행된 것으로 생각됩니다.

그리고 이와 같은 재산은 자식에게 상속됩니다. 그래서 조선일보에는

"개천에서 용 나던 '신화'는 끝"이라는 제목으로 기사가 났는데(조선일보, 2009. 7. 22) 사교육비를 많이 들이는 강남권 학생들의 수능성적이 크게 우수하고, 서울대, 고대, 연대 등 일류대학은 대부분 그들의 차지가 될 수밖에 없다고 합니다. 그리고 수능성적 최상위권 학생 중 40% 가량이 재수생이고, 사교육 때문에 우리나라 초등학교 어린이들의 취침시간은 '스위스'의 어린이들보다 1시간 정도가 짧다고 합니다. 치열한 자본주의적 경쟁 속에서 가난한 집 어린이들은 과외도 재수도 어려운 형편입니다.

과거 조선왕국 시대의 신분계급제와는 달리 "소유재산" 정도에 의한 새로운 계급제도가 성립됐고, 이것이 대물림되고 있다는 말씀입니다. 이 점은 앞서 말한 '한국보건사회연구원'의 발표에서 한국의 '사회형평성'은 30개 국가 중에서 27위였다는 점에서도 분명합니다.

그런데 토지, 자본 등 자산의 불평등성은 재벌 소유자 자신들의 노력의 결과이기보다 조선 말기의 조선왕국 지배층의 권력, 일제 강점기 조선총독부 권력, 그리고 8·15 후의 분단국가의 권력에 의하여 부당하게 행사된 강제력에 의하여 정의롭지 못하게 형성된 것인데, 그것이 사유재산권 옹호라는 명목으로 자기 자식들에게만 세습되고 있는 것입니다.

둘째의 문제는 수출 증대와 고도성장의 과정에서 많은 실업자들이 양산되었다는 사실입니다. 자본가들이 운영하는 기업은 '이윤' 추구가 목적입니다. 이윤을 극대화하려면 기업들은 경쟁적으로 인건비를 줄이기 위해 각종 최신 전자 기술들을 도입해서 고용인원수를 줄이고, 종업원들의 임금은 될수록 올리지 말아야만 하기 때문입니다. 2009년 11월 현재 사실상의 실업자 수는 330만 명이라고 합니다.(경향 2010. 1. 7)

고등교육기관 졸업자의 취업비율은 2009년 정규직 48.3%, 비정규직 26.2%뿐입니다. 애써 등록금 마련해서 대학을 졸업해도 취직할 곳이 없습니다. 어떻게 하면 우리의 젊은이들이 자살하지 않고, 행복하게 사는 사회가 될까요?

백 년 전 서구에서는 생산수단인 토지와 자본의 소유관계를 이렇게 불평등한 사유 재산제를 폐지하고 사회적 소유제로 바꾸는 혁명이 필요하다는 주장이 나와서 사회주의 사상이 나왔습니다. 그리고 소련과 동구 제국에서는 실제로 사회주의 혁명을 해서 운영해 보기도 했습니다. 그러나 사회주의 국가에서는 관료주의적 폐단이 나타나 사회적 생산력 경쟁에서 뒤떨어지게 되자 이제는 모두 국유재산제를 다시 사유재산제로 바꾸게 된 게 현실입니다.

다만 독일을 비롯한 유럽제국에서는 사유재산제의 폐단을 완화하고, 사회주의 사상의 확산을 예방하기 위해서 교육, 의료, 실업문제, 복지문제 등 광범한 범위에서 사회보장제도를 도입하여 자본주의적 사유재산제의 결함을 극복하기 위해 노력했습니다. 이것을 '수정자본주의', '사회민주주의' 또는 '복지사회주의'라고 합니다. 우리도 유럽 나라들의 '사회민주주의' 제도를 도입하자면 소득이 많은 사람들에게 더 많은 세금을 걷어서 사회복지사업을 확장해야 되지만, 현재 정부는 노무현 대통령이 사회복지비를 좀 늘린 것을 가지고 '좌파'라고 비난하고, '비즈니스 프렌들리'라며, 종합부동산세를 감면해주는 쪽으로 갔습니다.

여러분 현재 남한 사회의 경제적 갈등 문제를 해결하기 위해 무엇을 어떻게 해야 된다고 생각하십니까? 물론 정치적으로 국회와 대통령의 생각이 바뀌어야 또는 대통령이나 국회가 바뀌어야 된다고 생각하지만 제 질문은 정치를 넘어서, 여러분 자신이 스스로 대통령이 되었고, 다수

당을 차지했다고 치고, 무엇을 어떻게 했으면 좋겠냐는 말씀입니다. 즉 과거 신분계급제도와 달리 새로운 재산계급제도가 생겼고, 우리 자손들은 그 속에 죽지 못해 살게 되었는데, 여러분은 이것을 어떻게 하면 좋겠냐는 말씀입니다.

저는 자본주의제도의 문제를 해결하자면 생산수단의 사적 소유를 절대화한 채 그것을 상속하면서, 사회복지비를 늘리는 제도는 자본주의의 폐단을 어느 정도 완화시켜줄 것이라 생각합니다. 그러나 그것만으로는 안 된다고 생각합니다. 그렇다고 국유화를 해서 사회주의를 하자는 말은 아닙니다. 사유재산제를 인정하되, '공동상속제'에 의하여 부의 세습화를 막아야만 된다고 생각하는 것입니다.

오늘날 재벌들이 소유하고 있는 토지는 물론, 그들의 자본은 결코 그 재벌 자신의 힘만으로 축적된 것이 아니라, 지난날 일제 및 독재 권력에 의해서 강압적으로 축적된 민중의 피와 땀의 결정이라는 사실을 고려할 때, 그것이 재벌 부자들 개인의 자손들에게 상속된다는 것은 불의를 용납하는 것이기 때문에, 정의 실현을 위해 그것을 '공동상속제' 도입으로 모든 차세대 국민에게 공동으로 자산소유에 참여할 수 있게 한다면 정의 실현에 합당하고, 상대적 빈곤의 문제는 해결된다고 생각합니다.

그러나 오늘날 한국의 사회갈등문제는 상대적 빈곤문제만 해결하면 되는 것이 아니라는 점에 더욱 심각한 또 하나의 문제가 있습니다. 그것은 분명히 절대적 빈곤이나 상대적 빈곤문제를 넘은 문명사적 병폐가 나타나고 있다는 사실입니다. 왜냐하면 예를 들어 2009년 말 현재 남한에 이주하고 있는 외국인 수가 117만 명인데, 이들의 대부분은 취업을 위해 외국에서 입국했거나, 아니면 농촌 총각과 결혼을 해서 입국해

7. 경제적 갈등과 인간의 욕심

수천 년 인류의 문명사는 두 바퀴로 정신없이 굴러왔습니다. 한 바퀴
는 자연을 정복 대상으로 한 '도구의 개발'입니다. 그리고 다른 한 바퀴는
자기가 속하지 않은 다른 인간집단을 정복 대상으로 한 '무기의 개발'입
니다. 그리고 우리가 흔히 '서양 문명'이라고 하는 '지중해 문화'는 특히
과학기술의 개발을 통해서 문명사의 수레바퀴를 정신없이 빠른 속도로
굴려왔습니다.

그리고 지금 인류 문명은 막장을 바라보고 있습니다. "눈 있는 자에게
는 막장이 보일 것이고, 눈먼 자는 그것을 보지 못할 뿐"입니다. 저는
앞에서 한 사회의 경제적 갈등은 "사람들의 욕심"이 충돌하기 때문이라
는 말을 언급한 바 있습니다. 그러면서도 석가모니 부처님이 "욕심을
버리라"고 하신 말씀에 대해서 의문을 갖고, 기독교로 오게 되었다고
말씀했습니다만. 지금은 '석가모니' 부처님께서 "욕심을 버리라"고 하
신 말씀은 "욕심의 '브레이크'를 잡을 줄 알라"는 절욕(節慾)을 가르치신
말씀으로 이해해야 된다고 생각합니다.

내가 중학생 시절에 태고사(조계사)에 열심히 나가다가 당시 YMCA
에서 있었던 함석헌 선생님의 '무교회주의자' 강의를 계기로 기독교
교회에 나가게 되었습니다만, 73세가 넘은 2003년까지 세례를 받지 않
고, 그저 어떻게 하면 '참된 삶의 길'을 찾을 수 있을까 해서 교회에
나갔을 뿐입니다. 그리고 2003년 '향린교회'에서 세례를 받기는 했지만,
지금도 기독교에 대해서 여러 가지 의문이 있습니다.

그 중에 가장 중요한 한 가지는 향린교회가 '이웃사랑', '형제사랑'을
열심히 강조하는 점은 역지사지(易地思之)하는 마음 인(仁)과 서(恕)를 강조

하신 공자님의 뜻이나, 생명에 대한 자비(慈悲)를 강조하신 석가모니 부처님의 가르침과 같은 것으로, 예수님이 가르치신 '용서'와 '사랑'을 가르치신 말씀에 합당한 것으로 생각하고 소중히 생각하며 감사하고 있습니다. 그런데 경제적 갈등의 원인이 되는 사람들의 '욕심을 절제할 필요성'에 대해서는 별로 듣기가 어려웠다는 점에 아쉬움이 있습니다.

저는 묵자의 "겸애(兼愛) 절용(節用)" 사상이 "참된 삶의 갈"에 합당하다고 생각하고 존중합니다. 그런데 제가 성경을 많이 공부하지 못한 까닭인지, 기독교의 성경에서는 "절용"에 관한 가르침이 별로 없는 것 같습니다. 무한한 인간의 욕심을 절용할 줄 모르면 자연은 정복 대상으로만 생각되고, 드디어는 자연과 사람은 함께 파괴될 수밖에 없을 것입니다.

인류 문명은 인간의 무한한 욕심을 추구하기 위해 수천 년 동안 '도구'의 개발을 추구하는 '액셀러레이터'를 밟으며 정신없이 달려왔습니다. 그런데 이제는 그 욕심을 잡는 절욕(節慾)의 '브레이크'를 잡아야만 할 때가 됐다고 생각합니다.

따라서 저는 지금도 구약성경의 창세기(3:17-19)에서 사람이 '땀' 흘려 일하게 된 것이 여호와의 명령을 어기고 '선악과'를 따먹은 죄악의 결과인 것으로 서술하고 있는 것을 수긍할 수가 없습니다. '땀' 흘려 일하는 것이 "참된 삶의 갈"에 합당하게 바로 사는 것이지, '땀' 흘리는 것을 '죄의 결과'로 생각하고, '땀'을 안 흘리려고 온갖 과학기술문명을 개발하여 자연을 정복하려 한 것은 "참된 삶의 갈"에 합당하지 않다고 생각하기 때문입니다.

지중해 문화는 인도와 중국 등 동양 문화에서 교훈을 찾아야 된다고 생각합니다. 우리 민족은 인도 문화, 중국 문화, 그리고 지중해 문화를 모두 흡수하면서, 이 땅에서 평화롭고 행복하게 살아온 착한 백성입니다. 저는 우리가 21세기에 이룩해야 할 민족통일은 지구촌의 모든 사람들, 아니 모든 생명들이 평화롭게 함께 더불어 사는 새 세상을 만드는 세계사적 사명을 다하는 일과 직결된 과제라고 생각합니다. 경청해주셔서 감사합니다.

* 여러분의 기탄없는 비판, 나의 이메일(njkgc3@kornet.net)로 보내주시기 바랍니다. 우리는 모두 함께 더불어 "참된 삶의 길"을 찾아가야 하니까요.

우리 민족의 통일과 평화

1. "통일"이란?

"통일"이란 두 개 이상의 실체를 하나로 통합하거나, 두 쪽 이상으로 갈라져 있는 것을 하나로 통합하는 것을 의미합니다. 우리의 경우에 '통일'이란, 국가의 관점에서는 '대한민국'과 '조선민주주의인민공화국' 이 통합하여 하나의 국가를 만드는 것이며, 민족의 관점에서는 외세에 의해서 친소 좌익과 친미 우익으로 분열된 민족구성원들이 마음을 모아 하나의 민족국가를 수립하게 되는 것을 의미합니다.

따라서 대한민국과 조선민주주의인민공화국을 하나로 통합하는 문제란, 이들 두 개 국가 중 한 국가가 없어지고 하나만 남거나, 아니면 두 개 국가가 다 함께 없어지고, 새로 하나의 국가가 창출되는 국가 통합의 과정인 것입니다. 그리고 민족의 관점에서는 민족구성원들이 친미 우익이니, 친소 좌익이니 하는 외세 의존의 이념대립의 입장을 초월해서 하나의 통일 민족국가를 수립하는 과정인 것입니다.

그런데 문제는 이와 같은 국가통합 내지 민족통합의 과정이 오랫동안 서로 대립 상쟁하는 쌍방 국가 중 어느 한쪽이 패배해서 없어지는 것이 아니고, 어떻게 평화적으로 이루어질 수 있느냐? 하는 것입니다. 그리고 또 민족분열의 관점에서 말하면, 친미적 자본주의 신봉자와 친소적 사회주의 신봉자들 중의 어느 일방이 자기의 이념적 입장을 포기하고 패배를 인정하지 않는 상태에서 어떻게 민족 구성원들이 마음을 하나로 모아 통일 민족국가를 수립할 수 있느냐? 하는 것입니다.

2. 지금 남북관계의 위치는 어디인가?

사람은 누구나 다른 사람들의 개입, 간섭, 지배를 받지 않고 평화롭게 살기를 원합니다. 그러나 현실 세계에서는 사람들의 욕심이 충돌하고, 욕심의 충돌은 계급투쟁, 또는 전쟁 등을 초래하여 평화로운 삶을 파괴하는 것이 지금까지의 역사의 현실이었습니다.

유라시아 대륙의 극동, 고려 반도에서 삶을 영위해온 우리 민족의 경우, 여러 번에 걸친 주변 강대국의 침략을 받으면서도, 용케 자기를 지키며 수천 년을 살아왔습니다. 그러나 불행히 20세기 초 서세동점(西勢東漸)의 물결을 타고 몰려든 일본제국주의의 식민지로 전락했고, 20세기 후반에는 다시 미소냉전의 과정에서 국토가 남과 북으로 갈리어 우리 민족 구성원들이 동족상잔의 비극을 겪지 않을 수 없었습니다.

이런 가운데 우리는 21세기를 맞았으며, 어떻게 하면 평화롭게 '통일 민족국가'를 수립할 수 있을까? 하는 중대한 역사적 과제를 갖게 된 상태에서, 2000년 6월 남북 쌍방의 국가를 대표하는 정상들이 평양에서 만나 "6·15남북공동선언"을 발표하게 되었던 것입니다. 이것은 그동안 상쟁으로 늘 평화를 위협받던 남과 북의 민족 구성원들이 화해를 통해 민족통합을 추진하려는 계기를 마련한 것이라고 높게 평가되어 크게 환영을 받은 것이었습니다.

그러나 불과 1년이 지나는 동안, 한반도에 막강한 영향력을 행사하고 있는 미국 대통령이 바뀌면서 사정은 급격히 악화하여, 다시 지난 냉전 시대의 대립이 강요되고 있는 상황입니다.

그렇다면, 왜 오늘날 미국 대통령의 말 한마디로 한반도에서 평화가 파괴되고, 전쟁이 폭발할지도 모른다는 위기를 느끼게 된 것일까요? 우리는 이 문제를 진지하게 생각해 보지 않을 수 없습니다.

남북관계는 그동안 다음과 같은 세 단계를 거쳐 왔습니다.

첫째 단계, 1945. 8. 15 - 1950. 6. 24. 정치권력투쟁관계.

둘째 단계, 1950. 6. 25 - 1953. 7. 26. 전쟁당사자관계(열전단계).

셋째 단계, 1953. 7. 27 - 2001. 12. 현재 정전협정하의 군비경쟁적 적대관계(냉전단계).

이렇게 볼 때, 남북관계는 어떤 발전단계를 거쳐야 통일 민족국가를 수립할 수 있을 것인가? 하는 것을 생각해봅시다.

넷째 단계, 비적대적 동반자관계 내지 평화적 공존관계: 이 단계는 남과 북이 우선 서로의 존재를 인정 존중하고, 침략과 타도를 추구하지 않는 관계를 이룩하는 것입니다.

다섯째 단계, 우호협력적 통합추진관계: 남북 간에 평화적 공존관계 가 정착하면, 남북 간에는 다방면에 걸친 협력과 교류를 실현하여 통합의 조건을 만들어 갈 수 있습니다.

여섯째 단계, 민족 공동체적 관계: 그리하여 남과 북을 막론하고 지역적, 계층적, 차별을 해소하고, 국민통합을 실현하여야만 비로소 통일 민족국가 창출이 가능한 것입니다.

그런데 우리는 지금 아직도 셋째 단계에 있습니다. 앞으로 우리는 넷째, 다섯째 단계를 거쳐야만 민족통일이 가능한 여섯째 단계에 도달합니다. 아직도 길은 멀고 험합니다.

지금 우리는 우선 남북관계 발전의 다음번 단계인 넷째 비적대적 동반자관계 내지 평화적 공존관계로 발전해야만 합니다. 남과 북은 아직도 군비경쟁적 적대관계를 청산하지 못하고 있습니다. 뿐만 아니라 대한민국은 미국과의 군사동맹 하에 있으며, 대한민국 국군은 유사시 한미합동군 사령관인 미국 장성의 작전지휘를 받을 수밖에 없는 상황 하에 있기 때문에, 미국의 정책 변화는 곧바로 한반도에서의 전쟁을 결정하며 아울러 한국 국민들의 운명을 좌우하는 상황 하에 있는 것입니다.

3. 왜 적대관계가 해소되지 못하고 있는가?

오늘날 남북관계가 셋째 단계인 군비경쟁적 적대관계 즉 냉전단계에 있는 것을 다음의 넷째 단계인 비적대적 동반자관계로 발전시키자면, 무엇보다 1953년 7월 이래 계속되고 있는 불안정한 휴전체제를 종식시키고, 평화체제를 수립해야 합니다. 인류의 역사에서 이렇게 오랜 기간 동안 휴전체제가 유지된 일은 일찍이 없었습니다.

'6·25전쟁' 당사자 간에 종전처리 즉 "평화협정"이 이루어지지 못하고 있는 것입니다. 그러나 한국전쟁을 종결 처리하는 평화협정은 그 주요 당사자의 일원인 미국이 그것을 별로 달가워하지 않고 있습니다. 한반도의 평화체제 수립은 미국 군수산업의 이해관계와 충돌하고, 미국이 자국의 세계전략상 주한미군의 현상 변경을 원치 않기 때문입니다.

한국전쟁의 주요당사자인 남·북·미·중 4자 간에 평화협정이 어렵다면, 남북 사이에서 '평화선언'만이라도 채택하고, 군비경쟁을 종식하기 위한 대책을 강구해야 할 것인데, 그것조차 미국의 눈치 때문에 어려운 것이 현실이 아닌가? 생각됩니다. 김대중 대통령이 지난 3월 방미에 앞서 남북 간 "평화선언"을 추진하고 있다는 말이 있었으나, 워싱턴에서 부시 대통령을 만나고 난 후에는 "평화선언"에 관한 논의가 일체 자취를 감추었다는 사실이 그와 같은 추측을 가능하게 합니다. 지난날의 클린턴 정권과는 달리, 현재의 부시 정부는 남북 간의 '평화선언'까지도 마땅치 않게 생각하고 있기 때문인 듯합니다. '평화선언'이 남북 간의 긴장을 해소시키면, 한국 국방비의 감축을 재촉하고, 일본의 군사비를 확대하여 M.D를 추진하려는 미국정책에 지장이 있고, 주한 미군의 지위를 불안정하게 할 가능성이 있기 때문이 아닐까? 하는 생각을 지울 수가 없습니다.[11]

· ·

11. 전쟁 당사자 간에 전쟁을 종결 처리하자면 "평화협정"을 맺는 것이 보통입니다, 그런데 왜 평화협정이 아닌 "평화선언"이냐? 하는 의문이 제기될 수 있습니다. 그런데 2차 세계대전 후에 소련은 일본이 북방 영토 문제에 관해서 북방 4개 섬의 소련 귀속을 승인하려 하지 않기 때문에 샌프란시스코에서의 평화협정에 참여하지 않았습니다. 그 결과 일본과 소련 간에는 사실상 종전처리가 되지 못하고 있었습니다. 그러다 얼마 후에 일본과 소련은 북방 4개 섬 문제는 일단 보류하고라도 일단 전쟁을 종결 처리하는 것이 필요하다는 공감대가 형성되었습니다. 그래서 일본과 소련 수상이 정상회담을 해서 "평화선언"을 하고 그것으로 평화협

얼마 전 부시 대통령은, 미국은 북측에 대해서 조건 없는 대화를 촉구하고 있다고 하면서도, 북측의 김정일 위원장을 "믿을 수 없는 사람"이라고 했습니다. 그 이유는 남침의 의사가 없다면, 무엇 때문에 재래식 무력을 휴전선 일대에 전진배치하고 있느냐? 하는 것입니다. 병력을 후방으로 배치하지 않기 때문에 김정일 위원장을 믿을 수 없다는 뜻입니다.

그러나 이에 대해서 북측은 부시 정부의 이와 같은 요구는 일방적 무장해제를 요구하는 것이라며, 클린턴 정권 때 북미 간에 합의한 내용을 토대로 협상을 하는 것이 아니라면, 미국의 말은 하나도 믿을 수 없는 것이라고 반박하고 있습니다.[12]

북측에서 재래식 무력의 일방적 후방 재배치 요구를 가리켜 무장해제를 요구하는 것이라고 주장하는 이유는 다음과 같은 것들이라고 생각됩니다.

첫째, 언제라도 핵무기를 사용할 수 있는 미국을 상대로 하는 적대적 대치관계에서 핵무기를 사용할 수 없는 북측이 일단 유사시 살아남는

••

정을 대신한 역사적 선례가 있었던 것입니다.

그래서 한반도에서는 비록 미국의 반대 때문에 "평화협정"은 체결하지 못하더라도, 남북 간에서만이라도, 남북정상회담에서 "평화선언"을 하여 남북 간의 전쟁 종결 처리를 하는 것이 필요하다는 의견이 제기되었던 것입니다. 아마도 제2차 남북정상회담이 개최된다면 최소한 평화선언은 할 수 있어야 할 것입니다. 남북 간 적대관계를 종결하지 못한 상태에서의 정상회담이란 한계를 지닐 수밖에 없기 때문입니다.

12. 클린턴 시대의 북미합의 내용 중(2000. 9. 10-12. 워싱턴에서 발표된 조미공동콤뮤니케)에는 4자 회담에서 휴전협정을 평화협정으로 대체하도록 하자는 것과, 북미관계를 조속히 정상화하자는 것이 포함되어 있었습니다. 그런데 현재 부시 정부는 조건 없이 북미대화를 하자고 하면서도 클린턴 정부가 북측과 합의한 2000년 9월의 "워싱턴공동합의"의 내용을 토대로 대화를 할 수는 없다는 것입니다.

길은 상대방 병력과 근접 배치하는 길밖에 없으며, 둘째, 도로 사정이나 자동차 등 수송수단이 남측이나 미국 측과 비교할 수 없을 정도로 낙후하고, 또 전시에 제공권을 가질 수 없는 북측의 조건에서, 일단 유사시를 대비해서 최전선에 근접배치를 하는 것은 북측의 불가피한 형편이고, 셋째, 현재의 휴전선은 휴전 후 몇 십 년 동안 피땀을 흘려 구축한 지하 방어진지라는 군사적 사정 때문에 후방배치로 바꾸라는 요구는 북측이 도저히 수용하기 어려운 것이 아닌가? 생각됩니다.

그리고 지난 반세기 동안 적대적 군비경쟁을 강요당하면서, 한국전쟁 과정에서 초토화된 경제적 토대를 가지고, 모든 경제적 잉여를 군비경쟁에 투입하면서 힘겹게 살아온 북측으로서는 남측 및 미국과의 적대관계를 해소하지 않고는 경제적 발전이 불가능한 곤경에서 살아왔습니다. 그리고 아직도 그와 같은 경제적 곤경을 벗어나지 못하고 있기 때문에, 이런 상태에서 남북 간 교류의 확대를 기대하기는 어려울 것입니다. 평화협정을 반대하는 미국의 부시정부가 그들의 정책방향을 바꾸지 않는 한 북미관계를 개선하기는 어려울 것입니다.

미국은 북측의 지상군 배치문제에 이어 최근에는 북측의 생화학무기도 문제로 삼고 있는 형편입니다. 미국이 북측의 목을 조이는 데는 인권문제 정치체제문제 등 얼마든지 구실이 있을 수 있을 것입니다.

그리고 남측이 "한·미·일 3국 공조체제를 유지한다"면서 미국의 이와 같은 대북 적대관계 유지정책을 추종하는 한, 남북관계는 군비경쟁적 적대관계를 탈피하고, 비적대적 동반자관계로 발전하는 것이 사실상 불가능한 것입니다.

4. 평화의 제도화를 위한 당면과제

'6·15남북공동선언'은 지난 반세기 동안 한반도에서 진행된 동족상잔의 싸움을 끝장내고, 남과 북이 공생 공영하는 새 시대를 창조하는 데 있어 매우 중요한 의의를 가진 사건이었습니다. 그러나 그것은 제2차 남북정상회담을 통해서 반드시 풀어야만 하는 "중대한 과제"들을 안고 있는 선언이었던 것입니다. 그리고 그 "중대한 과제"란 다름 아닌 '평화협정'을 체결하여 휴전협정체제를 마무리하며, 그렇지 못하더라도 최소한 평화의 제도화를 기하여 남북 간의 소모적 군비경쟁체제 종식의 길을 열어가는 일이었던 것입니다.

그러나 '평화협정'은커녕 '평화선언'조차 어려운 상황 하에서,[13] 그리고 미군의 지위 변경이나 단계적 감축과 같은 문제를 논외로 하는 남북 간의 군축문제 논의란 무의미한 것이라 생각할 때, 김정일 국방위원장의 서울 방문과 제2차 '남북정상회담' 개최란 앞으로 미국 부시정권의 대북정책에 큰 변화가 없는 한, 매우 기대하기 어려운 상태가 아닌가 생각됩니다.

우리 사회의 일부에서는 김정일 위원장의 서울 답방에 의한 제2차 남북정상회담이 이루어지지 못하고 있는 상태를 놓고 북측이 왜 약속을 지키지 않느냐? 말합니다. 그러나 남북 간에 전쟁을 종결 처리하고 적대관계를 해소하는 평화협정이나 평화선언도 못하고, 한국 국방부는 북측

••

13. 지난번(2001. 3.) 한미정상회담에서 미국 측은 평화협정은 고사하고, 남북 간의 "평화선언"조차 반대하는 입장을 취했던 것으로 생각됩니다. 그래서 제2차 남북정상회담에서 '남북평화선언'을 이루려고 생각했던 김대중 대통령은 그 추진에 어려움을 겪고 있는 것으로 생각됩니다.

을 "주적"이라 부르며, 북한을 "반국가단체"라며, 그 수괴는 사형에 처해야 된다는 국가보안법이 시퍼렇게 살아 있는 상태에서 과연 반국가단체의 수괴이며, 주적군의 국방위원장이 대한민국의 수도 서울에 올 수 있는 문제일지 생각해 보아야 할 문제가 아니겠습니까?

그렇다고 우리 민족의 운명을 미국 대통령이나 미국 군산복합체의 이해관계를 위한 종속변수로 방치해 둘 수는 없는 노릇입니다. 주위의 환경조건이 아무리 어려워도 남과 북은 지혜와 정성을 모아 함께 이 어려운 국면을 뚫고 나가야만 합니다.

부시정권의 대북정책이 변치 않더라도, 제2차 남북정상회담을 성사시키고, 이 땅에서 평화를 제도화하기 위해서, 지금 우리가 할 수 있고 또 해야 할 가장 긴급한 과제는, 1992년에 남북 쌍방 당국 간에 조인하여 비준서를 교환한 바 있는 "남북 사이의 화해와 불가침 및 교류협력에 관한 합의서"('남북기본합의서'라 통칭)에 국제법적 근거를 부여하는 일입니다.

이 '남북기본합의서'에는 과거 전쟁 당사자였던 남과 북이 화해하고, 상호불가침을 약속하는 내용이 들어 있기 때문에, 비록 과거 전쟁 당사자의 일원이었던 미국이 빠지는 약점은 있지만, 남북 간에는 '평화협정'이나 '평화선언'에 못지않은 긍정적 역할이 부여될 수 있는 것입니다.

특히 남북 간의 싸움을 부채질하여 돈벌이를 하려는 군산복합체들 앞에서 남북 쌍방은 우리 민족의 확고한 평화 의지를 세계에 과시함으로써 군비경쟁을 강요당하는 상황으로부터 자유로워져야만 합니다. '남북기본합의서'에 국제법적 근거를 부여하자면, 하루 속히 국회의 비준동의 절차를 밟아 국제연합 사무국에 등록해야만 합니다. 그래야만 민족이 자주성을 확보하고, 그동안 남북 쌍방 간에 이룩한 모든 '합의'와 '6·15 남북공동선언'도 휴지화의 위기를 면하고, 국제법적 권위를 부여하여, 한반도의 평화정착에 기여하게 될 것입니다.

종래 우리 정부당국에서는 1) "정부가 '남북기본합의서'에 대한 국회의 비준동의를 받지 않은 것은 "남북 사이의 관계가 나라와 나라 사이의 관계가 아닌 잠정적 특수관계"라고 한 남북기본합의서 서문의 규정과 그 성질상 국가 간 조약이 아닌 점을 고려한 것이며, 2) 국제연합사무국에 등록하지 않은 것도 '남북기본합의서'가 국제연합사무국의 등록 대상인 '조약과 국제협약(헌장 102조)에 해당하지 않는다는 판단에 따른 것"이라고 합니다.[14]

그러나 대한민국과 조선민주주의인민공화국은 엄연한 국제연합 가맹국이며, 쌍방의 관계가 국제연합 가맹국 간의 관계임을 부인할 수는 없는 일입니다. 또 가맹국 간의 조약이나 협정, 합의 등은 "되도록 조속한 시일 안에" 국제연합 사무국에 등록해야만 하는(국제연합 헌장 102조) 것입니다. 따라서 '남북기본합의서' 서문에서 "나라와 나라 사이의 관계가 아닌 잠정적 특수관계"라고 한 것은, 쌍방이 피차 '국가'가 아니라는 뜻이 아니고, "분단된 민족국가"임을 인정하고, 민족통일을 위해 함께 힘쓰자는 뜻으로 해석되어야 마땅할 것입니다.

· ·

14. 필자가 이번 연초에 김대중 대통령께 남북기본합의서의 국회비준동의와 국제연합사무국 등록 절차를 밟도록 촉구한 서신에 대해서, 통일부 남북대화사무국이 대신 필자에게 보내온 "민원회신"(회일31200-3)의 내용.

5. 맺는 말

　지난 반세기 동안 남과 북은 서로 상대방의 존재를 인정하지 않고, 이를 타도하여 민족통일을 이룰 수 있다고 생각하여 적대적 군비경쟁을 계속해왔습니다. 그 결과로 오늘날 이 땅에서 전쟁이 일어날 경우, 우리 민족은 남과 북을 물을 것 없이, 모두 함께 멸망할 수밖에 없는 무서운 파괴력을 보유하게 되었습니다. 이제는 전쟁이 나면 지난날의 6·25전쟁 때와는 전혀 비교할 수 없는 민족 전멸이 불가피한 실정에 이른 것입니다. 지금의 대한민국과 조선민주주의인민공화국은 함께 평화롭게 더불어 살길을 찾느냐? 아니면 함께 더불어 죽음의 길로 가느냐? 하는 선택만이 남아 있습니다. 그 어느 쪽이 승리하고 그 어느 쪽이 패망한다는 것은 있을 수 없습니다.

　지금 이 땅에서 전쟁이 나면 "돈벌이"가 되는 사람들은 상대방은 결코 "믿을 수 없는 악마"라면서 "국가의 안전을 보장하기 위해서는 적대관계에 있는 상대방에 비해서 보다 좋은 무기를 사서 전쟁에 대비해야만 평화가 유지된다"고[15] 설득합니다. 그들은 결단코 이웃한 국가와 화해하는 것이 안전보장과 평화를 위한 길이라고는 말하지 않습니다.

　그러나 어떤 나라가 전쟁을 피하고, 평화를 지켜 안전을 보장하는 가장 확실한 길은, 이웃한 나라, 적대관계에 있는 국가나 집단들과 서로 적대관계를 풀고, 화해의 길을 찾는 것이라고 저는 확신합니다. 하물며 그 이웃이 수천 년 피를 나누며 함께 더불어 살던 동포형제임에 있어서

･･

15. 그것은 '황금신상'을 만들어 놓고, '달러'를 신으로 섬기는 무기장사들이 설교하는 '탐욕스런 사탄의 길'입니다.

야 더 말할 여지가 있겠습니까?

한 나라가 안전을 보장하고, 평화를 지키는 가장 확실한 길은, 보다 좋은 무기로, 보다 많은 군사력을 키우는 길이 아니라, 원수 진 동포형제를 서로 용서하고, 자비심을 가지고 화해하는 길, 이외에 달리 없습니다. 그리고 이 길이야말로 확실히 2000년 전에 석가모니 부처님께서 가르치셨고, 또한 예수님이 우리에게 가르쳐주신 진리에 합당한 길이라 믿습니다. 우리 민족은 지금 간절히 기도하며, 강대국들의 틈새에서 참으로 슬기롭게 현실을 헤쳐 나가야만 할 중대한 과제 앞에 놓여 있다고 생각합니다.

대한민국과 조선민주주의인민공화국을 하나의 국가로 통합하는 문제는 그 어느 쪽이 다른 쪽을 타도하고 하나의 국가로 만들려는 생각은 더 이상 용납될 수 없으며, 어떻게 해서라도 남과 북이 평화적으로 공존하면서 통합을 추진하는 복합국가식통일이 될 수밖에 없습니다. 그런 의미에서 '남북기본합의서'와 '6·15남북공동선언'은 민족의 평화통일을 위한 초석이라는 의미를 지니는 것입니다.

그리고 우리 민족의 평화로운 삶을 위하여, 꼭 첨가해서 말씀드려야 할 것이 있습니다. 어떤 민족이든 근대적 민족국가를 수립하는 데는 그 민족 구성원들이 저마다 자신의 운명은 자기 자신들의 의지와 노력에 달린 것이라는 민족적 자각을 기초로 했었다는 사실을 명심해야 한다는 말씀입니다.

그 어느 이웃 나라 강대국의 힘에 의지해서 독립민족국가가 수립되는 것은 아닙니다. '독립'이란 말 자체가 스스로 자기 힘으로 홀로 서는 '자주독립'을 의미하지 않습니까? 이웃 나라와 우호선린의 관계를 가지고 살아가는 것은 좋습니다.

그러나 소위 "원조"니, "공조"니 하는 이름으로 외세에 의존해서, 민족의 평화나 통일문제를 해결할 수 있다고 생각하는 것은 어리석은 일입니다. 조선왕국이 망한 것은 청나라에 의지해서 나라를 유지하려 했던 어리석음 때문이 아니었습니까? 남과 북의 동포들이 평화적 공존의 길을 택하자면, 우선 스스로가 외세 의존의 사대주의에서 벗어나야 합니다. 강대국이란 동서고금 어느 나라를 막론하고, 자신의 국가 이익(national interests)을 위한 정책을 추구하게 마련이기 때문입니다.

"민심은 천심"이라고 했습니다. 우리 민족 구성원, 한 사람 한 사람이 사대주의의 꿈에서 깨어, 그 어떤 외세가 아니라, 우리 민족의 운명은 오직 우리 민족 자신이 결정할 수 있도록, 남과 북이 모두 각기 '민족 자주'의 길을 가야 한다는 민족적 자각이 있어야만 하겠습니다. 그리하여 민족의 운명을 스스로 개척하겠다는 적극적이고도 구체적인 행동이 있어야만 하겠습니다.

적극적이고 구체적인 행동이란, 한 사람 한 사람이 시민사회단체의 일원이 되어 사상과 이념의 차이를 넘어 민족적 화해를 추구하기 위해 적극적인 평화운동에 참여해야만 된다는 말씀입니다. 사람들의 이념과 사상이라는 것은 민족이 살아 있는 한, 역사 속에서 부단히 변하는 것이며, 또 부단히 새롭게 창조될 수 있는 것이기 때문입니다.

우리는 지금 민족 자주와 민족 화해의 입장에서 열심히 노력해야만, 우리가 남북 공멸의 비극적 전쟁을 피하고, 진정한 통일독립 민족국가를 평화적으로 수립하고, 세계사 속에서 평화애호민족으로서의 역사적 사명을 다할 수 있다고 확신하는 바입니다.

감사합니다.

인류 문명사의 전환을 위하여

초판 1쇄 발행 | 2013년 10월 25일

지은이 | 김낙중
펴낸이 | 조기조
펴낸곳 | 도서출판 b
등 록 | 2003년 2월 24일 제12-348호
주 소 | 151-899 서울특별시 관악구 미성동 1567-1 남진빌딩 401호
전 화 | 02-6293-7070(대) / 팩시밀리 | 02-6293-8080
홈페이지 | b-book.co.kr / 이메일 | bbooks@naver.com

정가 | 13,000원
ISBN 978-89-91706-26-2 03100